SANTIAGO CORTÉS-SJÖBERG

2014
UN AÑO LLENO
DE GRACIA

LOYOLA PRESS.
UN MINISTERIO JESUITA

Chicago

LOYOLA PRESS.
Un Ministerio Jesuita

3441 N. Ashland Avenue
Chicago, Illinois 60657
(800) 621-1008
www.loyolapress.com

Diseño de la portada y del interior de Kathy Kikkert.

ISBN-13: 978-0-8294-3896-3
ISBN-10: 0-8294-3896-3
Número de Control de Biblioteca del Congreso USA: 2013937785

Impreso en los Estados Unidos de América.

13 14 15 16 17 18 Bang 10 9 8 7 6 5 4 3 2 1

INTRODUCCIÓN

En este sencillo libro te hago una invitación, una invitación múltiple.

Es una invitación a dedicarle a Dios unos breves minutos de tu ajetreado día. Cada uno de los pensamientos o meditaciones que se ofrecen se pueden leer en un par de minutos. No importa si lo haces al empezar el día, durante un descanso o cuando te prepararas para irte a dormir. Antes de abrir sus páginas, respira profundamente tres veces. Busca el día que corresponda y lee detenidamente la cita bíblica y la reflexión que le sigue. Permite que las palabras te sirvan como punto de partida para tu propia meditación.

Es una invitación a profundizar en las Sagradas Escrituras. Cada página te ofrece una breve cita bíblica tomada de una de las lecturas del Leccionario para ese día, así como el listado de todas las lecturas de la misa diaria correspondiente. Quizá quieras reflexionar sobre los versículos de la cita, sin necesidad de leer la meditación que la acompaña; quizá decidas leer el resto de la lectura de la que están tomados los versículos citados; quizá prefieras leer otra de las lecturas bíblicas del día; quizá desees usar una de las lecturas para rezar *lectio divina*. Independientemente de cómo uses este libro, acepta la invitación a profundizar en la Palabra de Dios.

Es una invitación a celebrar el año litúrgico. En sus hojas se indican los tiempos litúrgicos y las festividades del calendario universal de la Iglesia y de los Estados Unidos de América. Adéntrate en los misterios de la vida, Pasión, muerte, Resurrección y Ascensión de Jesucristo; celebra la fe de las primeras comunidades cristianas y de los innumerables santos de la Iglesia.

Es una invitación a incorporar en tu vida el hábito de la reflexión teológica. Además de las meditaciones de cada día, muchas páginas concluyen con una pregunta para la meditación personal. Estas preguntas te invitan a reflexionar sobre tu propia vida; en cómo tu fe la informa, transforma y reta; en cómo vives y compartes tu fe; y en cómo Dios está siempre presente y activo en tu vida.

Es una invitación a dar voz a tus oraciones. A lo largo de sus páginas, este libro te ofrece oraciones y cánticos tradicionales de la Iglesia —como la *Salve*, el *Te Deum*, el *Benedictus* o el *Veni, Creator Spíritus*— así como oraciones compuestas por el autor y otras inspiradas en la espiritualidad ignaciana. Reza estas oraciones, descubre y disfruta de la riqueza de la Tradición de la Iglesia y ofrécele a Dios con tus propias palabras los deseos, temores, gozos, tristezas y agradecimientos que guardas en el corazón.

Es una invitación a participar en la vida sacramental de la Iglesia. Este libro contiene todas las lecturas de las misas diarias y dominicales del año, así como numerosas llamadas a la conversión. Acepta el llamado a celebrar la Eucaristía y el sacramento de la Reconciliación con asiduidad, a recibir el perdón y la gracia de Dios, a recibir el Cuerpo y la Sangre de Cristo y a dar gracias a Dios por su amor y Salvación.

Es una invitación a compartir y vivir tu fe en Cristo. Las meditaciones y preguntas para la reflexión que se ofrecen en estas páginas hacen a menudo un llamado a proclamar nuestra fe con palabras y obras, a vivir como discípulos de Cristo y a poner en práctica la doctrina social de la Iglesia.

Pero ante todo, *es una invitación a enamorarse de Dios día tras día.*

Nada puede importar más que encontrar a Dios.
Es decir, enamorarse de Él
de una manera definitiva y absoluta.
Aquello de lo que te enamoras atrapa tu imaginación,
y acaba por ir dejando su huella en todo.
Será lo que decida qué es
lo que te saca de la cama en la mañana,
qué haces con tus atardeceres,

---

en qué empleas tus fines de semana,
lo que lees, lo que conoces,
lo que rompe tu corazón,
y lo que te sobrecoge de alegría y gratitud.
¡Enamórate! ¡Permanece en el amor!
Todo será de otra manera.

—Padre Pedro Arrupe, SJ

Esta es mi oración y esperanza para todo aquel que lea estas páginas, escritas con amor desde la fe.

De las espadas forjarán arados / y de las lanzas, podaderas; / ya no alzará la espada pueblo contra pueblo, / ya no se adiestrarán para la guerra.
—ISAÍAS 2:4

Con esperanza. Así comenzamos este nuevo año litúrgico y tiempo de Adviento. El profeta Isaías, vocero divino, anuncia el día en que el Reino de Dios se hará realidad en la Tierra. Con la llegada del Mesías —el Hijo de Dios— el mundo será transformado y el pecado —fuente de todo mal y violencia— será destruido para siempre. Llamados a colaborar en el plan de la Salvación, esperamos activamente la venida de Jesucristo, orando y obrando en favor de la paz en nuestro corazón, familia, sociedad y mundo entero. ¡Ven, Señor Jesús!

Isaías 2:1–5
Salmo 121
Romanos 13:11–14
Mateo 24:37–44

2 DE DICIEMBRE

Digan de todo corazón: "Jerusalén, / que haya paz entre aquellos que te aman, / que haya paz dentro de tus murallas / y que reine la paz en cada casa".
—SALMO 121:6–7

El verdadero amor transforma corazones y vidas. Quien ama al Señor y se deja amar por él no puede permanecer indiferente ante el pecado y todas sus expresiones. Así sea en nuestra propia vida o en la de nuestros seres más cercanos y de la humanidad entera, el amor de Dios nos impulsa a denunciar todo mal, a luchar por la justicia y a promover y vivir la paz verdadera, cuya fuente es Dios mismo. Que el Adviento sea tiempo de reflexión personal y de compromiso para con la justicia y la paz que irrumpieron en este mundo con el nacimiento de Jesucristo.

Isaías 4:2–6
Salmo 121
Mateo 8:5–11

3 DE DICIEMBRE

• SAN FRANCISCO JAVIER, PRESBÍTERO •

[Jesús exclamó]: "Todo me lo ha entregado mi Padre y nadie conoce quién es el Hijo, sino el Padre; ni quién es el Padre, sino el Hijo y aquel a quien el Hijo se lo quiera revelar".
—LUCAS 10:22

Mediante el misterio de la Encarnación, Dios hecho ser humano, que celebraremos el Día de Navidad, Dios se revela ante el mundo de una manera única e irrepetible. En Jesucristo, verdadero hombre y verdadero Dios, descubrimos al Padre celestial.

Escuchemos a Cristo, presente continuamente en nuestra vida, para así conocer mejor a nuestro Padre divino y su voluntad para con nosotros y toda la creación. Imitemos a Cristo, hermano y Señor, para así predicar con nuestras palabras y nuestro ejemplo el inconmensurable amor de Dios, Padre suyo y Padre nuestro.

Isaías 11:1–10
Salmo 71
Lucas 10:21–24

Todos comieron hasta saciarse, y llenaron siete canastos con los pedazos que habían sobrado.
—MATEO 15:37

La generosidad de Dios no conoce límites. Surge de su amor por nosotros —un amor ilimitado, eterno y fiel— que escucha y responde siempre al clamor de un pueblo a veces hambriento, a veces perdido, a veces equivocado, a veces infiel... Esta generosidad divina llevó a Dios Padre a enviarnos a su propio Hijo para que, a través de su vida, Pasión, muerte y Resurrección, el pecado quedara destruido para siempre y nosotros pudiéramos vivir en la libertad y el gozo de la gracia de Dios.

Que nuestra generosidad para con los demás, durante este Adviento y en todo momento, sea un reflejo del amor de Dios y contribuya a la instauración plena de su Reino.

Isaías 25:6–10
Salmo 22
Mateo 15:29–37

5 DE DICIEMBRE

Libéranos, Señor, y danos tu victoria. / Bendito el que viene en nombre del Señor. / Que Dios desde su templo nos bendiga. / Que el Señor, nuestro Dios, nos ilumine.
—SALMO 117:25–27

Como si de una noche de invierno se tratara, hay períodos de nuestra vida que parecen transcurrir en la oscuridad y las sombras; nos vemos esclavizados ante situaciones que nos hacen sentir solos, abandonados y hasta indignos de ser amados. En situaciones como estas, nuestra fe nos recuerda que el Señor nos ofrece continuamente su bendición y la libertad de quienes somos hijos suyos. Iluminados por Cristo, Luz del Mundo, estamos llamados a compartir esa luminosidad con nuestro prójimo, especialmente con aquellas personas que viven en la oscuridad y la esclavitud del pecado y todas sus expresiones.

Isaías 26:1–6
Salmo 117
Mateo 7:21,24–27

Lo único que pido, lo único que busco / es vivir en la casa del Señor toda mi vida, / para disfrutar las bondades del Señor / y estar continuamente en su presencia.
—SALMO 26:4

Llegó el momento de escribir la carta a los Reyes Magos o a Papá Noel, de hacer la lista de los regalos que queremos y de reflexionar sobre los deseos más profundos que tenemos para nuestra vida y el mundo entero. Sin embargo, nos dice el salmista, lo único que verdaderamente responderá a nuestras necesidades y saciará nuestros deseos es "vivir en la casa del Señor". En otras palabras, debemos compartir plenamente nuestra vida con Dios. En Cristo, su Hijo, tenemos el modelo y la guía a seguir.

Que este tiempo de Adviento nos ayude a acercarnos cada vez más a Dios para así disfrutar y compartir sus bondades con los demás y transformar con ellas el mundo entero y hacer realidad su Reino.

Isaías 29:17–24
Salmo 26
Mateo 9:27–31

[El Señor] puede contar el número de estrellas / y llama a cada una por su nombre. Grande es nuestro Dios, todo lo puede; / su sabiduría no tiene límites.
—SALMO 146:4–5

¿Cuántas veces no nos hemos maravillado ante la belleza e inmensidad del cielo nocturno? Y siendo niños, ¿cuántos de nosotros no intentamos contar todas las estrellas del firmamento? Lo que para nosotros resulta imposible, no lo es para Dios. Más aún, Dios cuida de cada una de sus estrellas y sabe todos y cada uno de sus nombres. Si esto es así, ¡cuánto más se preocupará Dios por nosotros, culmen de su creación! Dios nos conoce y nos llama a cada uno por nuestro nombre; él escucha todo aquello que le decimos en oración, conoce los gozos y las tristezas que albergamos en el silencio del corazón y está al tanto de las obras que le ofrecemos a lo largo de nuestra vida. Dios cuida de cada uno de nosotros. Gocemos, vivamos y compartamos ese amor divino.

Isaías 30:19–21,23–26
Salmo 146
Mateo 9:35—10:1,6–8

*En aquel día brotará un renuevo del tronco de Jesé, / un vástago florecerá
de su raíz. / Sobre él se posará el espíritu del Señor, / espíritu de sabiduría e
inteligencia, / espíritu de consejo y fortaleza, / espíritu de piedad y temor
de Dios.*
—ISAÍAS 11:1–2

Del linaje de Jesé, profetizó Isaías, nacerá Jesucristo, nuestro
Salvador. Él es el "renuevo", el "vástago", sobre quien el
Espíritu Santo otorgará sus dones. Estos mismos dones son los
que nosotros, como miembros bautizados y confirmados de la
Iglesia, también hemos recibido del Espíritu Santo. El Espíritu,
presente activamente en nuestra vida, nos ayuda a ser fieles
seguidores de Cristo, el Verbo de Dios hecho carne.

¿Cómo nos dejamos guiar por el Espíritu Santo en nuestro
día a día? ¿Hacemos un uso sabio de los dones que hemos
recibido? ¿Reconocerán los demás que somos seguidores de
Cristo por los frutos que dé nuestra vida?

Isaías 11:1–10
Salmo 71
Romanos 15:4–9
Mateo 3:1–12

*El ángel le dijo: "[. . . Jesús] será grande y será llamado Hijo del Altísimo;
el Señor Dios le dará el trono de David, su padre, y él reinará sobre la
casa de Jacob por los siglos y su reinado no tendrá fin".*
—LUCAS 1:32–33

Dios te salve, María,
llena eres de gracia;
el Señor es contigo.
Bendita Tú eres
entre todas las mujeres,
y bendito es el fruto de tu vientre, Jesús.
Santa María, Madre de Dios,
ruega por nosotros, pecadores,
ahora y en la hora de nuestra muerte.
Amén.

Génesis 3:9–15,20
Salmo 97
Efesios 1:3–6,11–12
Lucas 1:26–38

10 DE DICIEMBRE

*"Que todo valle se eleve, / que todo monte y colina se rebajen; / que lo
torcido se enderece y lo escabroso se allane. / Entonces se revelará la gloria
del Señor / y todos los hombres la verán".*
—ISAÍAS 40:4–5

Dios envió a su Hijo para salvarnos del pecado y transformar
el mundo entero. Con el nacimiento de Jesucristo, se inauguró
una nueva era en la que todas las promesas de Dios llegaron
a su plenitud. Nosotros somos partícipes de esas promesas,
receptores de su revelación en Cristo y colaboradores con
este en hacer realidad el Reino de Dios. La espera gozosa
del Adviento nos invita a reflexionar sobre esto y a
comprometernos a vivir la fe de manera que nuestra vida sea
un testimonio continuo de la gloria de Dios.

Isaías 40:1–11
Salmo 95
Mateo 18:12–14

11 DE DICIEMBRE

• SAN DÁMASO I, PAPA •

Jesús dijo: "Vengan a mí, todos los que están fatigados y agobiados por la carga, y yo los aliviaré".
—MATEO 11:28

En la vida cargamos con muchas cosas. No solo llevamos a cuestas nuestros propios problemas, disgustos, malas experiencias, decisiones erróneas y dolor, sino también los de nuestros familiares, amigos y demás seres queridos. Cada día, en nuestra oración, podemos compartir con Cristo todas esas preocupaciones, hablándole como quien le habla a un amigo. Y como sucede con los amigos, al compartir desde lo más profundo del corazón, nuestro espíritu se eleva y sentimos en nuestro ser cómo nos ayuda el amor a que la vida sea más llevadera.

Isaías 40:25–31
Salmo 102
Mateo 11:28–30

12 DE DICIEMBRE

• NUESTRA SEÑORA DE GUADALUPE •

Entonces dijo María: "Mi alma glorifica al Señor y mi espíritu se llena de
júbilo en Dios mi Salvador, porque puso sus ojos en la humildad de su
esclava".
—LUCAS 1:46–48

María, madre nuestra,
que fuiste elegida por Dios para ser la madre de su Hijo,
enséñanos a ser siempre fieles a Dios
como lo fuiste tú.
Protégenos a nosotros y a todos tus hijos
allí donde se encuentren
y ayúdanos a siempre dar testimonio de nuestra fe
siguiendo tu ejemplo.
Te lo pedimos por Cristo, tu Hijo, nuestro Señor.
Amén.

Zacarías 2:14–17
o Apocalipsis 11:19a; 12:1–6a,10ab
Judit 13:18abcde,19
Lucas 1:26–38 o Lucas 1:39–48

Esto dice el Señor, tu redentor, el Dios de Israel:
"Yo soy el Señor, tu Dios, / el que te instruye en lo que es provechoso, / el
que te guía por el camino que debes seguir".
—ISAÍAS 48:17

La sociedad y la cultura actuales nos ofrecen un sinfín de caminos y opciones que prometen conducirnos a la "felicidad". Pero nuestra experiencia nos dice que esta felicidad es efímera y que las promesas que hace el mundo carecen de un verdadero significado. Solo Dios, siempre fiel a su palabra, nos puede otorgar la verdadera felicidad. Es siguiendo sus enseñanzas, celebrando, viviendo y rezando nuestra fe como llegaremos a disfrutar de esa vida y felicidad que Jesús —camino, verdad y vida— nos invita a gozar cada día.

Isaías 48:17–19
Salmo 1
Mateo 11:16–19

Escúchanos, pastor de Israel; / tú que estás rodeado de querubines, /
manifiéstate, / despierta tu poder y ven a salvarnos.
—SALMO 79:2–3

Cuántos de nosotros, en medio de una disyuntiva o de un problema agobiante, no hemos pedido alguna vez una señal divina. ¡Y cuántos no hemos deseado que Dios se nos aparezca como lo hacía en los tiempos del Antiguo Testamento! Le pedimos a Dios que se manifieste en nuestra vida, olvidando que ya lo ha hecho al hacerse carne en Jesucristo para salvarnos.

Cristo resucitado sigue presente en nuestro mundo y en nuestra vida. El Adviento nos invita a seguir descubriendo la presencia salvífica de Cristo en nuestro día a día y a que demos testimonio del poder y amor de Dios.

Eclesiástico (Sirácide) 48:1–4,9–11
Salmo 79
Mateo 17:10–13

15 DE DICIEMBRE

• III DOMINGO DE ADVIENTO •

*El Señor siempre es fiel a su palabra, / y es quien hace justicia al oprimido;
/ él proporciona pan a los hambrientos / y libera al cautivo.*
—SALMO 145:6–7

¿Qué me oprime? ¿A quién oprimo yo?

¿De qué tengo hambre y sed en la vida? ¿De qué está necesitado el mundo?

¿Qué cadenas me impiden ser la persona que Dios quiere que yo sea? ¿De qué es esclava mi sociedad?

Dios, ayúdame a serte fiel en todo momento y a ser fuente de la justicia, el sustento y la libertad verdaderos que brotan de ti. Amén.

Isaías 35:1–6,10
Salmo 145
Santiago 5:7–10
Mateo 11:2–11

Jesús les replicó: "Pues tampoco yo les digo con qué autoridad hago lo que hago".
—MATEO 21:27

No hacía falta que lo dijera. Todo lo que Jesús hacía —desde sostener una simple conversación hasta realizar un gran milagro— surgía de su inconmensurable amor e invitaba a amar. Y esto solo podía ser si procedía de Dios, fuente de todo amor y el Amor mismo. Al relacionarnos con Cristo, al escucharlo, observarlo y experimentarlo, no cabe la menor duda de que es Dios quien obra a través de él. Y así lo hizo, desde su nacimiento hasta su muerte y Resurrección, con los que la muerte y el pecado mismos fueron derrotados por el poder del amor de Dios.

Que nuestra vida, como seguidores de Cristo, esté guiada por el amor. Que a través de ella demos testimonio de nuestra fe y gloria a Dios, fuente de todo lo bueno.

Números 24:2–7,15–17
Salmo 24
Mateo 21:23–27

17 DE DICIEMBRE

• ANTÍFONA: O SAPIENTIA •

Florecerá en sus días la justicia / y reinará la paz, era tras era. / De mar a mar se extenderá su reino / y de un extremo al otro de la tierra.
—SALMO 71:7–8

Los gozos y las alegrías, las esperanzas y los sueños, las tristezas y los dolores de nuestros hermanos y hermanas son también nuestros gozos y alegrías, nuestras esperanzas y sueños, nuestras tristezas y dolores. No importa quiénes sean o dónde se encuentren. Todos somos hermanos y hermanas en Cristo, quien vino a establecer el Reino de Dios en todo el mundo, "de un extremo al otro de la tierra". Es por eso que debemos luchar por la justicia, tanto en el seno de nuestra familia como en cualquier país lejano; que debemos promover la solidaridad, tanto en nuestra comunidad como en lugares que nunca pisaremos. Es por eso que oramos por nuestras propias necesidades y por las de todos los hombres y mujeres, hijos e hijas de Dios, y miembros todos de la Iglesia.

Génesis 49:2,8–10
Salmo 71
Mateo 1:1–17

"José, hijo de David, no dudes en recibir en tu casa a María, tu esposa, porque ella ha concebido por obra del Espíritu Santo. Dará a luz un hijo y tú le pondrás el nombre de Jesús, porque él salvará a su pueblo de sus pecados".
—MATEO 1:20–21

Su nombre lo dice todo: Dios envió a su Hijo para salvarnos de nuestros pecados. Así se cumplían en su plenitud todas las promesas que Dios había hecho a través de los profetas a lo largo de la historia.

Mediante la vida, Pasión, muerte y Resurrección de Cristo, el pecado —junto con todas sus expresiones— ha sido derrotado. El amor y la misericordia de Dios lo pueden todo. No hay nada que podamos hacer, decir o pensar que Dios no pueda perdonar. Así de maravilloso e inconmensurable es el amor de Dios, que incluso lo llevó a enviar y ofrecer a su Hijo para salvarnos de todo mal. Por ello, ¡demos gracias a Dios!

Jeremías 23:5–8
Salmo 71
Mateo 1:18–25

19 DE DICIEMBRE

• ANTÍFONA: O RADIX JESSE •

El ángel le dijo: "No temas, Zacarías, porque tu súplica ha sido escuchada".
—LUCAS 1:13

Tenemos la certeza de que Dios siempre escucha a quien se dirige a él. Nuestra oración —ya sea comunitaria o personal, tradicional o improvisada, con palabras, cantos o gestos, o en el silencio del corazón— es nuestra manera de dialogar con Dios. Es nuestra manera de expresarle nuestra gratitud, de compartir nuestras esperanzas y frustraciones, de realizar nuestras peticiones y de proclamar nuestra alabanza.

Nuestra oración es siempre una expresión de nuestra confianza ciega en Dios, quien todo lo escucha y a todo responde, a su propia manera y a su debido tiempo.

Jueces 13:2–7,24–25
Salmo 70
Lucas 1:5–25

El ángel le dijo: "No temas, María, porque has hallado gracia ante Dios. Vas a concebir y a dar a luz un hijo y le pondrás por nombre Jesús. Él será grande y será llamado Hijo del Altísimo".
—LUCAS 1:30–32

Jesús, verdadero hombre y verdadero Dios, hijo de María e Hijo de Dios. Este es el gran misterio de la Encarnación. El bebé en pañales, cuyo nacimiento celebraremos en unos pocos días, es la manifestación humana de la Palabra de Dios hecha carne, en-carnada. Por ser un misterio divino, es incomprensible para la mente humana, pero es una verdad en la que creemos gracias al don de la fe que se nos ha concedido. La fe en Jesucristo, Hijo de Dios, es lo que da significado a la vida. Que nuestra vida sea testimonio vivo de la grandeza de Dios, cuyo amor hacia nosotros es tan grande que se hizo carne para salvarnos.

Isaías 7:10–14
Salmo 23
Lucas 1:26–38

*[Isabel exclamó:] "Dichosa tú, que has creído, porque se cumplirá cuanto
te fue anunciado de parte del Señor".*
—LUCAS 1:45

El amor, el perdón, la misericordia, la justicia, la paz. . . todo
esto y mucho más nos ha sido prometido mediante la Palabra
de Dios y se nos ofrece a través de los sacramentos de la
Iglesia. Sin embargo, a veces nos cuesta creer en esos dones
divinos y aceptarlos; a veces hasta nos es difícil sentir que
somos dignos de recibirlos. A pesar de ello, Dios nunca deja
de estar a nuestro lado, día a día, ofreciéndonoslos.

¡Dichosos nosotros en quienes Dios derrama todo su amor
y perdón, y por quienes nos ha enviado a su Hijo en
cumplimiento de sus promesas!

Cantar de los Cantares 2:8–14
o Sofonías 3:14–18
Salmo 32
Lucas 1:39–45

"He aquí que la virgen concebirá y dará a luz un hijo y le pondrán el nombre de Emmanuel, que quiere decir Dios-con-nosotros".
—ISAÍAS 7:14

Dios nunca nos ha abandonado.

Desde el momento de la Creación, cuando caminaba por el Jardín con Adán y Eva, y durante acontecimientos tan duros y difíciles como el Éxodo y el Exilio, Dios ha estado acompañando y amando a su pueblo constantemente. Es el ilimitado amor divino el que lo llevó a hacerse carne y nacer de la Virgen María, para así estar con nosotros de una manera única e inigualable ayer, hoy y siempre. Dios nunca nos ha abandonado ni lo hará jamás.

¿Soy consciente de la presencia de Dios en todos y cada uno de los momentos de mi vida?

Isaías 7:10–14
Salmo 23
Romanos 1:1–7
Mateo 1:18–24

23 DE DICIEMBRE

• SAN JUAN DE KANTY, PRESBÍTERO • ANTÍFONA: O EMMANUEL •

Tú eres nuestro Dios y salvador / y tenemos en ti nuestra esperanza.

Porque el Señor es recto y bondadoso, / indica a los pecadores el sendero, / guía por la senda recta a los humildes / y descubre a los pobres sus caminos.

—SALMO 24:5,8–9

Jesús —para cuyo nacimiento llevamos cuatro semanas preparándonos— es el sendero, la senda y el camino recto que nos lleva a Dios, Padre suyo y Padre nuestro.

Habrá ocasiones en nuestra vida cuando nos salgamos del sendero, cuando no prestemos atención a la senda y cuando tomemos otro camino. Pero en lugar de desesperarnos al vernos perdidos, debemos tener plena confianza en que Dios, en su infinita bondad, nos guiará de nuevo al camino correcto. Es precisamente para salvarnos de estar perdidos a causa del pecado que Dios envió a su único Hijo, nacido en un humilde pesebre y adorado por unos pastores pobres.

Malaquías 3:1–4,23–24
Salmo 24
Lucas 1:57–66

"Bendito sea el Señor, Dios de Israel, / porque ha visitado y redimido a su pueblo, / y ha hecho surgir en favor nuestro / un poderoso salvador en la casa de David, su siervo. / Así lo había anunciado desde antiguo, / por boca de sus santos profetas".
—LUCAS 1:67–70

Esta noche es Nochebuena. Concluye el Adviento, y con él, la espera del nacimiento de Cristo, nuestro Redentor y Salvador. Ansiosos y llenos de esperanza, entonamos por última vez esta oración:

¡Ven, ven, ven!
Ven a nuestras almas.
¡Jesús, ven, ven!
No tardes tanto,
no tardes tanto.
¡Jesús, ven, ven!

2 Samuel 7:1–5,8–12,14,16
Salmo 88
Lucas 1:67–79

25 DE DICIEMBRE

• NATIVIDAD DEL SEÑOR—NAVIDAD •

El ángel les dijo [a los pastores]: "No teman. Les traigo una buena noticia, que causará gran alegría a todo el pueblo: hoy les ha nacido, en la ciudad de David, un salvador, que es el Mesías, el Señor. Esto les servirá de señal: encontrarán al niño envuelto en pañales y recostado en un pesebre".
—LUCAS 2:10–12

Humilde, sencillo y vulnerable: así es como el Hijo de Dios irrumpe en el mundo. El anuncio de su nacimiento en Belén vino acompañado de un mensaje de paz, gozo y salvación. Con la venida del Mesías quedan desterrados para siempre el temor, la tristeza y la perdición que surgen del pecado. Esta es en verdad una buena noticia y causa de gran alegría. ¡Regocijémonos hoy y siempre en Jesucristo, nuestro Salvador!

MISA VESPERTINA DE LA
VIGILIA:
Isaías 62:1–5
Salmo 88
Hechos 13:16–17,22–25
Mateo 1:1–25 o 1:18–25

MISA DE MEDIANOCHE:
Isaías 9:1–3,5–6
Salmo 95
Tito 2:11–14
Lucas 2:1–14

MISA DE LA AURORA:
Isaías 62:11–12
Salmo 96
Tito 3:4–7
Lucas 2:15–20

MISA DEL DÍA:
Isaías 52:7–10
Salmo 97
Hebreos 1:1–6
Juan 1:1–18 o 1:1–5,9–14

Mientras lo apedreaban, Esteban repetía esta oración: "Señor Jesús, recibe mi espíritu".
—HECHOS 7:59

San Esteban fue el primer discípulo en entregar su vida por la fe, convirtiéndose así en el primer mártir cristiano. Todos estamos llamados a entregarnos totalmente a Cristo, quien entregó su vida en favor de nuestra Salvación.

En este espíritu de entrega total, san Ignacio de Loyola compuso esta oración que podemos hacer nuestra todos los días: "Toma, Señor, y recibe toda mi libertad, mi memoria, mi entendimiento y toda mi voluntad, todo mi haber y mi poseer; tú me lo diste; a ti, Señor, lo torno; todo es tuyo, disponlo según tu voluntad; dame tu amor y gracia, que ésta me basta".

Hechos 6:8–10; 7:54–60
Salmo 30
Mateo 10:17–22

Viernes

27 DE DICIEMBRE

• SAN JUAN, APÓSTOL Y EVANGELISTA •

Les anunciamos, pues, lo que hemos visto y oído, para que ustedes estén unidos con nosotros, y juntos estemos unidos con el Padre y su Hijo, Jesucristo. Les escribimos esto para que se alegren y su alegría sea completa.
—1 JUAN 1:3–4

Todos nosotros somos, no solo discípulos o *seguidores* de Jesús, sino también sus apóstoles. Un apóstol es alguien que ha sido *enviado* por Cristo mismo a anunciar la Buena Nueva y a continuar su misión. Por lo tanto, como apóstoles que somos —en virtud de nuestro Bautismo— tenemos la responsabilidad de proclamar de palabra y obra a Cristo resucitado, presente en nuestra vida.

¿De qué maneras anunciamos la Buena Nueva? ¿Lo hacemos con la alegría propia del cristiano? ¿Guiamos a los demás hacia Jesús y a su Padre con nuestras palabras y nuestra forma de vivir?

1 Juan 1:1–4
Salmo 96
Juan 20:2–9

28 DE DICIEMBRE

• LOS SANTOS INOCENTES, MÁRTIRES •

Si el Señor no hubiera estado de nuestra parte / cuando los hombres nos asaltaron, / nos habría devorado vivos / el fuego de su cólera.
—SALMO 123:2-3

¡Cuánta gente inocente sufre en el mundo! ¡Cuántas víctimas hay en nuestros países, ciudades y comunidades!

Cristo nos llama a que, así como lo hizo él, nos pongamos de parte de todas aquellas personas que sufren a causa de la injusticia, la violencia, la discriminación, el odio y la incomprensión. Como discípulos suyos, continuamos su misión de hacer realidad el Reino de Dios.

Oremos para que podamos ser instrumentos de la justicia y la paz de Cristo.

1 Juan 1:5–2:2
Salmo 123
Mateo 2:13–18

Que la palabra de Cristo habite en ustedes con toda su riqueza. Enséñense unos a otros lo mejor que sepan. Con el corazón lleno de gratitud, alaben a Dios con salmos, himnos y cánticos espirituales; y todo lo que digan y todo lo que hagan, háganlo en el nombre del Señor Jesús, dándole gracias a Dios Padre, por medio de Cristo.
—COLOSENSES 3:16–17

Nuestras abuelitas, nuestros papás, una tía. . . quizá de ellos aprendimos nuestras primeras oraciones, de ellos recibimos nuestras primeras enseñanzas sobre la fe y de ellos recibimos el testimonio del amor y el perdón incondicionales. Esa fe, que ellos compartieron con nosotros, ahora estamos llamados a compartir con los demás.

Si hicieras un árbol genealógico de las personas que te han transmitido la fe a lo largo de la vida, ¿a quiénes incluirías?

Eclesiástico (Sirácide) 3:3–7,14–17
Salmo 127
Colosenses 3:12–21
Mateo 2:13–15,19–23

30 DE DICIEMBRE

Se acercó Ana, dando gracias a Dios y hablando del niño a todos los que aguardaban la liberación de Israel.
—LUCAS 2:38

Ana era una profetisa de ochenta y cuatro años que estaba en el Templo de Jerusalén cuando José y la Virgen María llevaron allí a Jesús para presentárselo a Dios. Ana, al igual que el resto del pueblo judío, había estado esperando la llegada del Mesías. Al ver al niño Jesús, se dio cuenta de que era el Salvador que llevaban aguardando durante siglos. Al reconocer a Jesús como el Mesías, no pudo contenerse y, con gratitud y sin vergüenza, lo proclamó a todos los que la escucharon.

Oremos para que sepamos reconocer a Cristo en nuestra vida y tengamos el valor de compartir y proclamar la fe en él dondequiera nos encontremos.

1 Juan 2:12–17
Salmo 95
Lucas 2:36–40

31 DE DICIEMBRE

• SAN SILVESTRE I, PAPA •

A Dios nadie lo ha visto jamás.
El Hijo unigénito, que está en el seno del Padre,
es quien lo ha revelado.
—JUAN 1:18

Si amamos y perdonamos, si somos portadores de paz y defensores de la vida. . . entonces los demás descubrirán en nosotros a Cristo y, en él, a Dios Padre suyo y Padre nuestro.

1 Juan 2:18–21
Salmo 95
Juan 1:1–18

Miércoles

1 DE ENERO

• SANTA MARÍA, MADRE DE DIOS •

Que te alaben, Señor, todos los pueblos, / que los pueblos te aclamen todos juntos. / Que nos bendiga Dios / y que le rinda honor el mundo entero.
—SALMO 66:4,8

Hoy comienza un nuevo año. Las experiencias y vivencias de 2013 se convierten en recuerdos y ante nosotros se abren doce meses llenos de oportunidades y misterios. La Iglesia celebra este día dedicándoselo a María bajo la advocación de la Madre de Dios. Es una manera de encomendar el año a Dios mismo por mediación de María Santísima.

Celebremos el primer día del año como María vivió toda su vida: con la mirada puesta en Dios, ofreciéndole alabanza y honor, y entregándole a él todo nuestro ser y todos y cada uno de los días y meses que nos trae el año nuevo.

Números 6:22–27
Salmo 66
Gálatas 4:4–7
Lucas 2:16–21

Juan les contestó: "'Yo soy la voz que grita en el desierto: "Enderecen el camino del Señor"', como anunció el profeta Isaías".
—JUAN 1:23

La llamada a la conversión es una llamada continua en la vida del cristiano. El pecado es una realidad que tenemos que afrontar en nuestra vida y en nuestro mundo: pecados veniales y pecados mortales, pecados personales y pecados sociales. . . Las palabras de Juan, y ya antes las del profeta, siguen vigentes hoy en día y deben reverberar en nuestro corazón. La conversión no es algo fácil, pero para ello contamos con la gracia de Dios, que de manera especial se nos ofrece mediante el sacramento de la Reconciliación. Al celebrar este sacramento, recibimos el perdón y la gracia que Dios nos ofrece libre y continuamente. ¿Estamos dispuestos a aceptarlos? ¡Qué mejor manera de empezar un nuevo año!

1 Juan 2:22–28
Salmo 97
Juan 1:19–28

Juan el Bautista [. . .] exclamó: "Este es el Cordero de Dios, el que quita el pecado del mundo".
—JUAN 1:29

Sin que hiciéramos nada para merecerlo, Dios envió a su Hijo para salvarnos del pecado. Y Jesús, como si del cordero pascual sacrificial se tratara, entregó su vida por nosotros según la voluntad del Padre, para así derrotar de una vez para siempre el pecado y todas sus expresiones.

Cuando nos enfrentamos al pecado, al odio, a la injusticia, al dolor, al sufrimiento, a la violencia y a la muerte misma, sabemos que ni esto es el fin, ni que somos esclavos de estas situaciones. Mediante su Resurrección, Cristo lo ha conquistado todo y nos hace partícipes de su vida en la libertad de la gracia de Dios.

1 Juan 2:29—3:6
Salmo 97
Juan 1:29–34

Sábado
4 DE ENERO
• SANTA ISABEL ANN SETON, RELIGIOSA •

Todo aquel que no practica la santidad, no es de Dios; tampoco es de Dios
el que no ama a su hermano.
—1 JUAN 3:9

Dios mío,
tú eres fuente de toda santidad
y el Amor mismo.
Ayúdame a vivir las enseñanzas de tu Hijo,
para así alcanzar algún día la santidad;
y a amar como me amas tú,
para así dar testimonio de tu amor
a este mundo tan necesitado
y transformarlo según tu voluntad.
Te lo pido por Cristo, nuestro Señor.
Amén.

1 Juan 3:7–10
Salmo 97
Juan 1:35–42

Domingo

5 DE ENERO

• EPIFANÍA DEL SEÑOR •

_Los magos [. . .] entraron en la casa y vieron al niño con María, su
madre, y postrándose lo adoraron. Después, abriendo sus cofres, le
ofrecieron regalos: oro, incienso y mirra._
—MATEO 2:11

Imagina que eres parte de la conocida y entrañable escena
del nacimiento de Jesús. Ves al niño en el pesebre y a María
sonriente y alegre a pesar de recién haber dado a luz; percibes
el olor de la paja seca; escuchas el murmullo de pastores
y curiosos que han venido a ver al niño recién nacido; y
observas a los magos, claramente forasteros, adorando al bebé
y ofreciéndole valiosos regalos. Ahora es tu turno de acercarte
al pesebre. Como regalo, le ofreces a Jesús tus alegrías, tus
tristezas, tus deseos, tus preocupaciones, tus talentos, tus
debilidades. . . ¿Cómo te sientes al hacerlo? ¿Qué te dice
María? ¿Qué te dice el niño Jesús con la mirada?

Isaías 60:1–6
Salmo 71
Efesios 3:2–3,5–6
Mateo 2:1–12

Comenzó Jesús a predicar, diciendo: "Conviértanse, porque ya está cerca el Reino de los cielos". Y andaba por toda Galilea, enseñando en las sinagogas y proclamando la buena nueva del Reino de Dios y curando a la gente de toda enfermedad y dolencia.
—MATEO 4:23

El Reino de Dios fue el mensaje principal de Jesús. Sus parábolas, por ejemplo, ilustraban cómo es el Reino, cómo es el Rey de ese Reino o cómo se puede ser ciudadano del Reino. Pero su mensaje no era un anuncio de algo que iba a hacerse realidad en un futuro lejano, sino que era una llamada a la conversión y a la acción, a estar listos y preparados para la instauración inminente y cercana del Reino. Y prueba de ello eran sus obras, milagros y exorcismos, los cuales demostraban la presencia activa y transformadora de Dios en el mundo. El Reino de Dios estaba y está cerca. Hoy y ahora.

1 Juan 3:22—4:6
Salmo 2
Mateo 4:12–17,23–25

7 DE ENERO

• SAN RAIMUNDO DE PEÑAFORT, PRESBÍTERO •

Al desembarcar Jesús, vio una numerosa multitud que lo estaba esperando, y se compadeció de ellos, porque andaban como ovejas sin pastor, y se puso a enseñarles muchas cosas.
—MARCOS 6:34

Jesús es nuestro pastor. Él nos cuida, protege, alimenta y guía, siempre atento a nuestras necesidades. Caminando siempre a nuestro lado, Jesús se preocupa de todos nosotros, como Iglesia y como individuos. Nos ofrece su gracia mediante los sacramentos, dialoga con nosotros por medio de la oración, nos enseña a vivir siguiendo sus mandamientos y enseñanzas, y nos ilumina en la fe mientras nos guía hacia Dios Padre.

Oremos para que nuestra fe se fortalezca, vivamos una vida moral, oremos continuamente y recibamos la gracia de Dios celebrando asiduamente los sacramentos.

1 Juan 4:7–10
Salmo 71
Marcos 6:34–44

8 DE ENERO

Nosotros hemos conocido el amor que Dios nos tiene y hemos creído en ese amor. Dios es amor, y quien permanece en el amor permanece en Dios y Dios en él.
—1 JUAN 4:16

Por amor Dios nos ha creado y por amor Dios nos ha salvado.

Por amor Dios te ha creado y por amor Dios te ha salvado.

1 Juan 4:11–18
Salmo 71
Marcos 6:45–52

Queridos hijos: Amamos a Dios, porque él nos amó primero.
—1 JUAN 4:19

La iniciativa siempre surge de Dios. Es él quien siempre da el primer paso, quien nos ofrece libremente su gracia, su misericordia, su justicia, su paz. . . y su amor paternal y eterno. La invitación de Dios se realiza a través de la Revelación, mediante la cual Dios se nos da a conocer a sí mismo.

Dios nunca fuerza una respuesta. Somos nosotros los que decidimos si queremos responder a ese ofrecimiento divino. A esa respuesta, de ser afirmativa, la llamamos "fe", que es en sí un don que nos ofrece Dios. ¿Cómo compartimos, celebramos, vivimos y oramos nuestra respuesta, nuestra fe?

1 Juan 4:19–5:4
Salmo 71
Lucas 4:14–22

1o DE ENERO

"Señor, si quieres, puedes curarme". Jesús extendió la mano y lo tocó, diciendo: "Quiero. Queda limpio". Y al momento desapareció la lepra.
—LUCAS 5:12–13

Señor,
ayúdame
a no temer acércame a ti,
a tener la fe del leproso,
a confiar plenamente en tu poder
y a aceptar con gratitud
tu sanación y gracia.
Amén.

1 Juan 5:5–13
Salmo 147
Lucas 5:12–16

11 DE ENERO

La confianza que tenemos en Dios consiste en que, si le pedimos algo
conforme a su voluntad, él nos escucha. Si estamos seguros de que escucha
nuestras peticiones, también lo estamos de poseer ya lo que le pedimos.
—1 JUAN 5:14–15

Nuestro Dios no es un dios caprichoso. A él no le gusta ver sufrir a sus criaturas ni desentenderse de ellas. Nuestro Padre no es un padre que tiene hijos e hijas favoritos, egoísta con su amor paterno o que disfrute al castigar a sus hijos. Al contrario, Dios Padre es justo, desea el fin del sufrimiento de sus hijos e hijas y está siempre atento a sus necesidades para responder con un amor ilimitado. Es por eso que sabemos con certeza, no solo que Dios escucha todas nuestras oraciones, sino que responderá a ellas de la manera apropiada y en el momento apropiado. ¿Cómo y cuándo ha respondido Dios a tus oraciones?

1 Juan 5:14–21
Salmo 149
Juan 3:22–30

Domingo

12 DE ENERO

• BAUTISMO DEL SEÑOR •

Al salir Jesús del agua, una vez bautizado, se le abrieron los cielos y vio al Espíritu de Dios, que descendía sobre él en forma de paloma y oyó una voz que decía, desde el cielo: "Este es mi Hijo muy amado, en quien tengo mis complacencias".
—MATEO 3:16–17

Respira profundamente tres veces y sitúate en el episodio que se describe. Estás a orillas del río Jordán, observando el momento en que Juan bautiza a muchas personas. Jesús se acerca también. Juan y Jesús conversan. ¿Escuchas lo que se dicen? Jesús es bautizado y entonces es cuando tiene lugar esta escena. Ves cómo se abre el cielo y cómo desciende el Espíritu de Dios. ¿Cómo describirías lo que está sucediendo? Entonces escuchas la voz celestial. ¿Qué sientes al oírla? ¿Sientes cómo Dios se complace en ti? Al terminar el bautizo, te acercas a Jesús. Él te invita a sentarte junto a él a orillas del río. Comparte con él esta experiencia y todo aquello que tengas en tu corazón.

Isaías 42:1–4,6–7
Salmo 28
Hechos 10:34–38
Mateo 3:13–17

13 DE ENERO

• SAN HILARIO, OBISPO Y DOCTOR DE LA IGLESIA •

Jesús se fue a Galilea para predicar el Evangelio de Dios y decía: "Se ha cumplido el tiempo y el Reino de Dios ya está cerca. Arrepiéntanse y crean en el Evangelio".
—MARCOS 1:14–15

Este pasaje describe el principio del ministerio público de Jesús, que tuvo lugar tras su bautizo en el río Jordán y su retiro de oración en el desierto. Consciente de la misión que Dios, su Padre, le ha encomendado, Jesús se dedica a la proclamación de la Buena Nueva: la transformación del mundo en el Reino de Dios está cerca y es una realidad. Para ser partícipes del Reino, nosotros también debemos prepararnos y transformar nuestro corazón. Debemos arrepentirnos y seguir a Jesús, como lo hicieron inmediatamente los apóstoles. ¿Estás dispuesto a hacerlo?

1 Samuel 1:1–8
Salmo 115
Marcos 1:14–20

14 DE ENERO

Este hombre tiene autoridad para mandar hasta a los espíritus inmundos y lo obedecen.
—MARCOS 1:27

No hay nada que no esté sujeto al poder de Cristo. No hay cadena que nos retenga que Jesucristo no pueda romper para hacernos libres.

¿Qué te impide ser la persona que Dios quiere que seas? ¿Qué te impide seguir a Cristo como desearías hacerlo? ¿Qué te impide dar testimonio vivo de tu fe?

Pide a Cristo, en oración, que rompa todas esas cadenas que te impiden ser la persona que Dios creó.

1 Samuel 1:9–20
1 Samuel 2
Marcos 1:21–28

Simón y sus compañeros [. . .] le dijeron: "Todos te andan buscando". El les dijo: "Vamos a los pueblos cercanos para predicar también allá el Evangelio, pues para eso he venido".
—MARCOS 1:36–38

A veces pensamos que la predicación del Evangelio es cosa de sacerdotes, religiosos y misioneros en tierras lejanas. Y sin embargo, todos nosotros, como compañeros y seguidores de Jesús, estamos llamados a ser predicadores de la Buena Nueva dondequiera nos encontremos. Para nosotros, los "pueblos cercanos" son nuestra familia, nuestro sitio de trabajo, nuestro barrio, nuestro grupo de amigos. . . Allí es adonde hemos sido enviados por Cristo.

¿Cómo predicamos el Evangelio en nuestra vida diaria?

1 Samuel 3:1–10,19–20
Salmo 39
Marcos 1:29–39

16 DE ENERO

Se le acercó a Jesús un leproso para suplicarle de rodillas: "Si tú quieres, puedes curarme". Jesús se compadeció de él, y extendiendo la mano, lo tocó y le dijo: "¡Sí quiero: sana!" Inmediatamente se le quitó la lepra y se quedó limpio.
—MARCOS 1:40–42

Los Evangelios nos presentan muchos episodios en los que personas enfermas se acercan a Jesús para pedirle que las sane. Son ellas las que, guiadas por la fe, dan el primer paso y se dirigen a Jesús. Su fe es la que los mueve. Ante tal demostración de fe, Jesús no puede sino responder con amor y hacer lo que le piden.

Cuando nos dirijamos a Jesucristo, hagámoslo con fe y confianza, sabiendo que él siempre se apiada de nosotros. Él nos responderá con amor, a su tiempo y a su manera, pero indudablemente lo hará.

1 Samuel 4:1–11
Salmo 43
Marcos 1:40–45

17 DE ENERO

• SAN ANTONIO ABAD, MÁRTIR •

*El hombre se levantó inmediatamente, recogió su camilla y salió de allí a la
vista de todos, que se quedaron atónitos y daban gloria a Dios, diciendo:
"¡Nunca habíamos visto cosa igual!"*
—MARCOS 2:12

A veces nos preguntamos por qué no somos testigos de
milagros tan maravillosos como los que se narran en las
Sagradas Escrituras. Queremos observar a Dios activo en
nuestra vida, en nuestro mundo. Pedimos señales divinas,
milagros, y en nuestro afán por ellos, no nos percatamos de
la belleza de la creación, del amor de nuestros seres queridos,
de los ejemplos de justicia y amor que hay en el mundo, de
momentos de reconciliación y perdón. Todas estas ocasiones
son una manifestación de la presencia activa de Dios aquí
y ahora. Al terminar este día, reflexiona sobre todo lo que
te sucedió, sobre lo que observaste, sobre lo que hiciste. . .
Entonces descubrirás la presencia de Dios y podrás exclamar
con agradecimiento: "¡Nunca había visto cosa igual!".

1 Samuel 8:4–7,10–22
Salmo 88
Marcos 2:1–12

Al pasar, vio a Leví [Mateo], el hijo de Alfeo, sentado en el banco de los impuestos, y le dijo: "Sígueme". Él se levantó y lo siguió.
—MARCOS 2:14

Hace más de dos mil años Jesús llamó a Leví (Mateo) y a los otros apóstoles a seguirlo. Los Doce, al escuchar el llamado de Jesús, lo dejaron todo y lo siguieron. Ese mismo llamamiento es el que hemos recibido todos y cada uno de los que hemos sido bautizados en Cristo. Jesús nos ha llamado y nos llama cada día a seguirlo. Nos pide que dejemos de lado todo aquello que nos impide ser verdaderos discípulos suyos y que, a cambio, aceptemos su amor, perdón, paz y justicia.

¿Qué te impide ser un verdadero seguidor de Jesús? ¿Aceptas ser una persona de amor, perdón, paz y justicia junto con todo lo que esto conlleva?

1 Samuel 9:1–4,10,17–19; 10:1
Salmo 20
Marcos 2:13–17

En aquel tiempo, vio Juan el Bautista a Jesús, que venía hacia él, y exclamó: "Este es el Cordero de Dios, el que quita el pecado del mundo".
—JUAN 1:29

Para ello envió Dios a su Hijo único; para ello Jesús murió en la cruz; para ello Dios resucitó a Cristo de entre los muertos: para el perdón de los pecados y la Salvación del mundo.

Los sacramentos, especialmente la Eucaristía y el sacramento de la Reconciliación, son oportunidades de encontrarnos con Cristo y recibir la gracia y el perdón de Dios, haciéndonos así partícipes de la Salvación que ganó para nosotros el Cordero de Dios. Participemos, pues, activa, consciente y plenamente en la vida sacramental de la Iglesia.

Isaías 49:3,5–6
Salmo 39
1 Corintios 1:1–3
Juan 1:29–34

[Jesús les contestó:] "Nadie le pone un parche de tela nueva a un vestido viejo, porque el remiendo encoge y rompe la tela vieja y se hace peor la rotura. Nadie echa vino nuevo en odres viejos, porque el vino rompe los odres, se perdería el vino y se echarían a perder los odres. A vino nuevo, odres nuevos".

—MARCOS 2:21–22

No hay medias injusticias, ni medios perdones, ni medias paces. No podemos ser cristianos y vivir la vida como si fuéramos solo medios cristianos, cuando esto nos resulta conveniente o fácil. La conversión a la que estamos llamados es una conversión total, que nos lleve no a poner parches a nuestro corazón, sino a transformarlo totalmente. Si lo permitimos, Cristo nos hará hombres y mujeres nuevos. Esto significa tener que decir adiós a nuestro antiguo ser y aceptar plenamente a Cristo en nuestro corazón y en nuestra vida. ¿Estamos dispuestos a ello?

1 Samuel 15:16–23
Salmo 49
Marcos 2:18–22

21 DE ✴ ENERO

Luego añadió Jesús: "El sábado se hizo para el hombre y no el hombre para el sábado".
—MARCOS 2:27

Las leyes judías en tiempos de Jesús solían ser observadas tan estrictamente que en ocasiones causaban sufrimiento a la gente. Jesús lo deja bien claro: el ser humano —la vida— es lo más importante; todo lo demás, incluso las leyes, existen para promover la vida, el bien, la justicia y la paz.

Dios,
Creador y dador de vida,
te pido que a través de mis palabras y obras
promueva y proteja la vida
y dignidad de todos los seres humanos.
Te lo pido por Cristo, nuestro Señor.
Amén.

1 Samuel 16:1–13
Salmo 88
Marcos 2:23–28

*Bendito sea el Señor, / mi roca firme; / él adiestró mis manos y mis dedos /
para luchar en lides.*

*El es mi amigo fiel, mi fortaleza, / mi seguro escondite, / escudo en que me
amparo.*

—SALMO 143:1–2

La vida nos depara momentos difíciles. En tales ocasiones
nuestro corazón acude en oración al Señor, nuestro amigo
"fiel", nuestra "fortaleza" y nuestro "escudo". En el diálogo
de la oración, Dios nos responde, protege y da fuerza para
afrontar las dificultades. Pero además, nos responde a través
de amigos, familiares y seres queridos, quienes también son
fuente de fortaleza, protección y fidelidad. Con su apoyo, sus
consejos, su hombro en el que llorar, sus abrazos. . . ellos se
convierten para nosotros en vehículos del amor, fortaleza y
protección de Dios. ¿Quiénes son estas personas en tu vida?
Dale gracias a Dios por ellas.

1 Samuel 17:32–33,37,40–51
Salmo 143
Marcos 3:1–6

23 DE ENERO

Jesús había curado a muchos, de manera que todos los que padecían algún mal, se le echaban encima para tocarlo.
—MARCOS 3:10

Todos estamos necesitados de la sanación de Cristo. Necesitamos de la sanación divina porque el pecado está presente en el mundo y en nuestra propia persona, llevándonos por el camino equivocado que nos aleja de nuestra amistad con Dios, de su gracia y de su vida plena.

Jesús, el camino que lleva al Padre, vino precisamente para salvarnos del pecado, para ofrecernos la sanación total. Él nos ofrece continuamente el perdón, la misericordia y el amor incondicional de su Padre. A nosotros nos corresponde aceptar ese amor, "echarnos encima" de Jesús y ofrecernos tal y como somos a él, sabiendo que si lo hacemos, él nos sanará y nos llevará por el camino correcto.

1 Samuel 18:6–9; 19:1–7
Salmo 55
Marcos 3:7–12

24 DE ENERO

[Jesús] Constituyó a doce para que se quedaran con él, para mandarlos a predicar y para que tuvieran el poder de expulsar a los demonios.
—MARCOS 3:14–15

Todos somos discípulos de Jesús, es decir, sus "seguidores". Pero además, somos sus apóstoles, ya que al igual que a los Doce Apóstoles originales, Jesús nos ha enviado a proclamar el Evangelio. Ser apóstol significa "ser enviado", misión que recibimos al ser bautizados y que compartimos con innumerables cristianos a lo largo de los siglos.

Estamos llamados a predicar no solo con palabras y obras específicas, sino con nuestra vida entera. Estamos llamados a luchar en contra de la injusticia, el odio, el dolor, la violencia, la muerte y todas las demás situaciones que tienen su origen en el pecado, fruto del maligno.

1 Samuel 24:3–21
Salmo 56
Marcos 3:13–19

En aquel tiempo, se apareció Jesús a los Once y les dijo: "Vayan por todo el mundo y prediquen el Evangelio a toda creatura. El que crea y se bautice, se salvará; el que se resista a creer, será condenado".
—MARCOS 16:14–16

Hay quienes piensan que la religión y la fe forman parte de un tema privado que no debe compartirse ni comentarse con los demás. Tu fe, dicen algunos, es solo cosa tuya y no debería influir ni en los demás, ni en la sociedad, ni en el mundo. Pero para los cristianos, la fe en Cristo nos lleva a proclamarlo dondequiera estemos; nos lleva a querer transformar la sociedad y el mundo para que estos reflejen los designios divinos; nos lleva a llamar a la conversión a individuos, a la sociedad y a todo el mundo. El mandato que Jesús dio a los Once es el mismo que nos da a nosotros cada día: que prediquemos el Evangelio a toda creatura, pues así colaboraremos con él en la Salvación del mundo. Compartamos y prediquemos, pues, nuestra fe todos y cada uno de nuestros días.

Hechos 22:3–16 o Hechos 9:1–22
Salmo 116
Marcos 16:15–18

Desde entonces comenzó Jesús a predicar, diciendo: "Conviértanse porque
ya está cerca el Reino de los cielos".
—MATEO 4:17

Jesús inauguró la llegada del Reino de los cielos, el comienzo de la transformación del mundo y de todo lo creado para que este fuera tal y como Dios ha deseado que sea desde su creación. Las curaciones que realizó Jesús, los exorcismos que llevó a cabo, el perdón que otorgó. . . todos estos actos eran señales de la irrupción del Reino de Dios en el mundo. Las enfermedades, las posesiones, los pecados, e incluso la muerte misma, no tienen cabida en el Reino, y Jesús así lo demostró.

¿Qué señales de la presencia del Reino de Dios ves en tu vida y en el mundo? ¿Qué puedes hacer para colaborar en la instauración del Reino? ¿Qué aspectos de tu vida necesitan de la conversión?

Isaías 8:23—9:3
Salmo 26
1 Corintios 1:10–13,17
Mateo 4:12–23

[Jesús dijo:] "Yo les aseguro que a los hombres se les perdonarán todos sus pecados y todas sus blasfemias".
—MARCOS 3:28

¿Creo verdaderamente en estas palabras de Jesús?

¿Creo verdaderamente que Dios me ama tanto que no hay nada que no me pueda perdonar?

¿Participo asiduamente del sacramento de la Reconciliación?

2 Samuel 5:1–7,10
Salmo 88
Marcos 3:22–30

28 DE ENERO

• SANTO TOMÁS DE AQUINO, PRESBÍTERO Y DOCTOR DE LA IGLESIA •

Mirando a los que estaban sentados a su alrededor, [Jesús] dijo: "Estos son mi madre y mis hermanos. Porque el que cumple la voluntad de Dios, ése es mi hermano, mi hermana y mi madre".
—MARCOS 3:34–35

¡Qué gran honor el que Jesús nos llame hermanos y hermanas! Con su ejemplo y guía, nos esforzamos por cumplir la voluntad de Dios todos los días. En ocasiones fallamos y pecamos, pero sabemos entonces que podemos dirigirnos arrepentidos a nuestro Padre y que recibiremos su perdón y misericordia. Esto nos permite permanecer unidos a él y ser llamados hijos e hijas suyos, hermanos y hermanas de su Hijo, Jesucristo. ¡Qué gran honor y qué gran responsabilidad! A la hora de llevar a cabo esta responsabilidad, no estamos solos. La comunidad de creyentes nos apoya y el Espíritu Santo nos guía.

2 Samuel 6:12–15,17–19
Salmo 23
Marcos 3:31–35

Yo jamás le retiraré mi amor / ni violaré el juramento que le hice.
—SALMO 88:34–35

Las promesas de Dios, desde el momento de la Creación hasta que llegue el fin de los tiempos y Cristo regrese en gloria, se cumplirán una a una en su día. Dios nunca falla a su palabra, aun cuando seamos nosotros los que no cumplamos nuestra parte de la Alianza. De igual manera, Dios nunca dejará de amarnos, aun cuando seamos nosotros los que lo dejemos de amar. Tal es nuestro Dios, siempre fiel y siempre amoroso. ¿Estamos dispuestos a aceptar esa fidelidad y ese amor? ¿Estamos dispuestos a corresponderle siendo fieles y amándolo siempre?

2 Samuel 7:4–17
Salmo 88
Marcos 4:1–20

30 DE ENERO

En aquel tiempo, Jesús dijo a la multitud: "¿Acaso se enciende una vela para meterla debajo de una olla o debajo de la cama? ¿No es para ponerla en el candelero? Porque si algo está escondido, es para que se descubra; y si algo se ha ocultado, es para que salga a la luz".
—MARCOS 4:21–22

Cuando Dios creó a los seres humanos a su imagen y semejanza, dijo: "Muy bueno". Eso significa que cada uno de nosotros somos muy buenos y que en nosotros se refleja algo de la divinidad de Dios. De nosotros irradia la dignidad que hemos recibido de nuestro Padre, de nosotros brota el amor que recibimos de nuestro Padre, de nosotros surge el perdón que nos ofrece nuestro Padre, de nosotros brota la vida que nos ha dado nuestro Padre. . . Y como si de una luz se tratara, estamos llamados a compartir y proclamar a los demás la dignidad del ser humano, el amor, el perdón, la vida y todos los demás dones que hemos recibido de Dios.

2 Samuel 7:18–19,24–29
Salmo 131
Marcos 4:21–25

"[El Reino de Dios] Es como una semilla de mostaza que, cuando se siembra, es la más pequeña de las semillas; pero una vez sembrada, crece y se convierte en el mayor de los arbustos y echa ramas tan grandes, que los pájaros pueden anidar a su sombra".
—MARCOS 4:30–32

Los medios nos dan a conocer las grandes injusticias que ocurren en nuestra sociedad y en el mundo; nos hacen conscientes de las situaciones de violencia y dolor; nos informan de la corrupción y los fraudes financieros. Es posible que en más de una ocasión nos hayamos sentido impotentes, pensado que somos un don nadie que es incapaz de hacer algo para transformar nuestra sociedad. Es como si el mundo fuera una selva de árboles frondosos y nosotros una mera semillita. Pero si vivimos conforme al Evangelio, nuestra semillita contribuirá al Reino de Dios y este crecerá hasta cubrir todos los rincones, haciendo que la tierra se transforme según el designio divino.

2 Samuel 11:1–4,5–10,13–17
Salmo 50
Marcos 4:26–34

Sábado

1 DE FEBRERO

Crea en mí, Señor un corazón puro, / un espíritu nuevo para cumplir tus mandamientos. / No me arrojes, Señor, lejos de ti, / ni retires de mí tu santo espíritu.

Devuélveme tu salvación, que regocija, / y mantén en mi un alma generosa. / Enseñaré a los descarriados tus caminos / y volverán a ti los pecadores.

—SALMO 50:12–15

La oración del salmista es la nuestra. Deseamos transformar nuestra vida —nuestro corazón— para acercarnos cada vez más a Dios. Pero para esta conversión necesitamos de la ayuda de Dios mismo. Es a él a quien acudimos pidiendo auxilio, clamando por la ayuda de su santo espíritu. Y una vez que disfrutemos de ese corazón nuevo, de esa vida nueva fruto de la gracia, del perdón y de la Salvación, no nos quedaremos de brazos cruzados. Nos convertiremos en heraldos de Dios, en proclamadores de su misericordia, perdón y amor. En cada rincón del mundo anunciaremos todo lo que Dios ha hecho por todos y cada uno de nosotros, sus hijos e hijas.

2 Samuel 12:1–7,10–17
Salmo 50
Marcos 4:35–41

Simeón [. . .] bendijo a Dios diciendo:
"Señor, ya puedes dejar morir en paz a tu siervo,
según lo que me habías prometido,
porque mis ojos han visto a tu Salvador,
al que has preparado para bien de todos los pueblos;
luz que alumbra a las naciones
y gloria de tu pueblo, Israel".
—LUCAS 2:28–32

Estas palabras, que el anciano Simeón entonó cuando recibió al niño Jesús el día de su presentación en el Templo, es el cántico que se reza todas las noches como parte de la Liturgia de las Horas de la Iglesia.

Rézalo esta noche antes de irte a dormir, en agradecimiento a Dios por todo lo que ha hecho en Cristo por ti y por el bien de toda la gente.

Malaquías 3:1–4
Salmo 23
Hebreos 2:14–18
Lucas 2:22–40

3 DE FEBRERO

• SAN BLAS, OBISPO Y MÁRTIR • SAN ÓSCAR, OBISPO •

[Jesús le dijo:] "Vete a tu casa a vivir con tu familia y cuéntales lo misericordioso que ha sido el Señor contigo". Y aquel hombre se alejó de ahí y se puso a proclamar por la región de Decápolis lo que Jesús había hecho por él. Y todos los que lo oían se admiraban.
—MARCOS 5:19–20

El verdadero cristiano no puede guardarse para sí mismo la Buena Nueva. Al contrario, se siente obligado a proclamarla a los siete vientos precisamente porque es una buena noticia. ¿Quién de nosotros se abstendría de contarle a alguien que se ha ganado la lotería? ¿O que le han ascendido en el trabajo? ¿O que ha tenido un bebé?

Reflexionemos sobre todas las cosas buenas que Dios ha hecho por nosotros y por otros, y compartamos esas experiencias con los demás. Proclamemos la bondad y el amor de Dios que hemos vivido en nuestra propia vida, convirtiéndonos así en testigos vivos del amor de Dios.

¿Qué experiencia de Dios compartirías con los demás?

2 Samuel 15:13–14,30; 16:5–13
Salmo 3
Marcos 5:1–20

[Jesús les dijo:] "La niña no está muerta, está dormida". [. . .]
La tomó de la mano y le dijo: "¡Talitá, kum!", que significa: "¡Óyeme,
niña, levántate!" La niña, que tenía doce años, se levantó inmediatamente
y se puso a caminar.
—MARCOS 5:39–42

Hay aspectos de nuestra vida que no nos dejan llevar esa vida plena que Dios quiere que vivamos. Son los pecados que obstruyen nuestra relación con Dios, con los demás y con nosotros mismos. A veces estamos tan acostumbrados a esos pecados que sentimos como si jamás pudiéramos deshacernos de ellos, como si nos tuvieran encadenados, como si fueran una enfermedad crónica e incurable. Pero si nos dirigimos a Jesús en oración, con fe, insistencia y paciencia, entonces también a nosotros él nos dirá: "¡Talitá, kum! ¡Levántate!". Y nos levantaremos sanos, dejando caer, como si de cobijas se tratara, todos esos pecados que no nos permiten vivir en la gracia de Dios.

2 Samuel 18:9–10,14,24–25,30—19:3
Salmo 85
Marcos 5:21–43

5 DE FEBRERO

Jesús les dijo: "Todos honran a un profeta, menos los de su tierra, sus parientes y los de su casa".
—MARCOS 6:4

A veces nos resulta más fácil compartir nuestra fe con desconocidos que con nuestros familiares, amigos y allegados. El miedo al ridículo, a que se rían de nosotros, a que no nos tomen en serio, nos impide hablar con las personas a las que más queremos de nuestra relación con Dios.

Si Dios es importante para mí, ¿comparto mi fe en él con mis seres queridos? ¿Qué me anima a hacerlo? ¿Qué me lo impide?

2 Samuel 24:2,9–17
Salmo 31
Marcos 6:1–6

Jueves

6 DE FEBRERO

• SAN PABLO MIKI Y COMPAÑEROS, MÁRTIRES •

Les mandó que no llevaran nada para el camino: ni pan, ni mochila, ni dinero en el cinto, sino únicamente un bastón, sandalias y una sola túnica.
—MARCOS 6:8–9

Hoy resultaría prácticamente imposible seguir las instrucciones de Jesús. ¿Significa esto que sus palabras carecen de significado hoy en día? Por supuesto que no. Lo que Jesús estaba pidiendo a sus discípulos, y lo que nos pide a nosotros también, es que nos entreguemos completamente a él y confiemos en su providencia y sabiduría. La tendencia moderna nos impulsa a rodearnos de objetos y dinero y a querer escalar posiciones sociales con la falsa idea de que todo esto nos protegerá y dará significado a nuestra vida. Ante esta situación, Jesús nos reta a no confiar en todas esas cosas perecederas e insubstanciales. En su lugar, nos invita a tener fe en Dios, en quien encontramos nuestra verdadera razón de ser. ¿Aceptamos esa invitación?

1 Reyes 2:1–4,10–12
1 Crónicas 29
Marcos 6:7–13

7 DE FEBRERO

Bendito seas, Señor, que me proteges; / que tú, mi salvador seas bendecido. /
Te alabaré, Señor, ante los pueblos / y elevaré mi voz, agradecido.
—SALMO 17:47,50

La gratitud es una actitud esencial del cristiano.

En una hoja de papel escribe veinte cosas o situaciones del día de hoy por las que estás agradecido a Dios.

Una vez las hayas escrito, dedica un rato a reflexionar en silencio sobre algunas de ellas. Termina ofreciendo una oración de acción de gracias a Dios por todo lo que has recibido de él el día de hoy.

Eclesiástico (Sirácide) 47:2–13
Salmo 17
Marcos 6:14–29

$\mathscr{S}ábado$

8 DE FEBRERO

• SAN JERÓNIMO EMILIANO, PRESBÍTERO • SANTA JOSEFINA BAKHITA, VIRGEN •

[Jesús] les dijo: "Vengan conmigo a un lugar solitario, para que descansen un poco".
—MARCOS 6:31

El trabajo. La casa. La familia. Los amigos. Los mandados. Hay ocasiones en las que las 24 horas del día no parecen ser suficientes para hacer todo lo que tenemos que hacer. Y si llega a sobrarnos un poco de tiempo, lo dedicamos a los demás, en detrimento de nosotros mismos. Jesús nos recuerda hoy la importancia del descanso, de hacer una pausa, alejados de los quehaceres diarios y el bullicio del día.

A esto también podríamos añadir lo importante que es dedicar cada día, aunque sean unos cuantos minutos, a la oración personal. Lo podemos hacer por la mañana o por la noche, en el carro de camino al trabajo, al dar un paseo después de comer o durante uno de nuestros descansos laborales.

1 Reyes 3:4–13
Salmo 118
Marcos 6:30–34

"Ustedes son la luz del mundo. [. . .]

Brille la luz de ustedes ante los hombres, para que viendo las buenas obras que ustedes hacen, den gloria a su padre, que está en los cielos".

—MATEO 5:14–16

Cada vez que actuamos por amor, que perdonamos, que denunciamos una injusticia, que promovemos la paz, que protegemos la dignidad y la vida de los demás guiados por nuestra fe, la luz de Cristo brilla a través de nosotros. Cada uno somos pequeños farolitos que, juntos, tienen la habilidad de iluminar el mundo entero, destruyendo las tinieblas del pecado e iluminándolo con la gracia de Dios. Nuestra vida, expresada en obras de amor, es testimonio de la presencia activa de Dios en el mundo. En nosotros, los demás descubren una fe viva en Cristo, una fe que es un canto de gloria a Dios por todo lo que ha hecho por nosotros en Cristo. Que nuestras obras sean reflejo de amor y acerquen al mundo a Dios, que es el Amor mismo.

Isaías 58:7–10
Salmo 111
1 Corintios 2:1–5
Mateo 5:13–16

A dondequiera que llegaba, en los poblados, ciudades o caseríos, la gente le ponía a sus enfermos en la calle y le rogaba que por lo menos los dejara tocar la punta de su manto; y cuantos lo tocaban, quedaban curados.
—MARCOS 6:56

Quizá no estemos satisfechos con nuestra vida de oración porque no le dedicamos tanto tiempo como quisiéramos. A lo mejor pensamos que no contribuímos lo suficiente a suplir las necesidades de los demás o quizá creemos que no amamos o perdonamos lo suficiente. Y es posible que todo esto sea verdad: que podamos orar más, ayudar más, amar más y perdonar más. Pero esto no significa que nuestra oración, solidaridad, amor y perdón carezcan de valor o efectividad. Al contrario, cualquier paso que demos para seguir a Jesús, imitarlo, colaborar en su misión y acercarnos a él, es efectivo. Quizá ahora solo estemos tocando la punta de su manto, pero si somos fieles y vivimos una vida de fe guiada por la gracia, llegará el día en que sintamos el abrazo fraternal de Jesús.

1 Reyes 8:1–7,9–13
Salmo 131
Marcos 6:53–56

11 DE FEBRERO

• NUESTRA SEÑORA DE LOURDES •

Dichosos los que viven en tu casa, / te alabarán para siempre; / dichosos los que encuentran en ti su fuerza, / pues caminarán cada vez con más vigor.
—SALMO 83:5–6

Dios mío,
tú eres mi roca, mi baluarte.
Te doy gracias y te alabo
porque en los momentos difíciles
tú me guías y proteges,
porque cuando me siento débil
tú me fortaleces y acompañas.
Te pido para que te continúe siendo fiel
en todo momento,
caminando por la senda que me llevará
a tu hogar eterno.
Por Cristo, nuestro Señor,
Amén.

1 Reyes 8:22–23,27–30
Salmo 83
Marcos 7:1–13

Pon tu vida en las manos del Señor, / en él confía, / y hará que tu virtud y tus derechos / brillen igual que el sol de mediodía.

Rectas y sabias son / las palabras del justo. / Lleva en su corazón la ley de Dios, / sus pasos son seguros.

—SALMO 36:5,30–31

Tres son las virtudes teologales: fe, esperanza y caridad. Tienen como origen, motivo y objeto a Dios mismo.

Cuatro son las virtudes cardinales: prudencia (saber discernir el bien), justicia (dar a los demás lo que les es debido), fortaleza (ser firmes en las dificultades y buscar el bien constantemente) y templanza (moderar los instintos y seguir la voluntad de Dios). Estas constituyen la base de una vida virtuosa y de ellas surgen las demás virtudes humanas.

¿Cómo pones en práctica estas virtudes en tu vida diaria? ¿Qué otras virtudes tienes? ¿De qué modo la ley de Dios, sus enseñanzas y sus mandamientos guían tu vida?

1 Reyes 10:1–10
Salmo 36
Marcos 7:14–23

13 DE FEBRERO

Dichosos los que cumplen la ley / y obran siempre conforme a la justicia. / Por el amor que tienes a tu pueblo, / acuérdate de nosotros, Señor, y sálvanos.
—SALMO 105:3–4

Seguir y cumplir la ley de Dios, sus enseñanzas y sus mandamientos, nos exige actuar con justicia, ser promotores de la justicia, luchar por la justicia y denunciar las injusticias de las que somos conscientes. No podemos llamarnos hijos e hijas de Dios y luego actuar de forma injusta, desoír el llanto de los que sufren injusticias o ignorar situaciones injustas por mucho que nos sintamos impotentes ante ellas. La doctrina social de la Iglesia nos ilumina y ayuda a poner en práctica este aspecto esencial de nuestra vida de fe. Familiarízate con la enseñanza social católica, involúcrate en el ministerio social de la Iglesia en tu parroquia o diócesis, inculca en tus hijos y seres queridos el sentido de la justicia, y da ejemplo en tu vida de lo que significa ser una persona justa.

1 Reyes 11:4–13
Salmo 105
Marcos 7:24–30

Le llevaron entonces a un hombre sordo y tartamudo, [. . .] le metió los dedos en los oídos y le tocó la lengua con saliva. Después, mirando al cielo, suspiró y le dijo: "¡Effetá!" (que quiere decir "¡Ábrete!"). Al momento se le abrieron los oídos, se le soltó la traba de la lengua y empezó a hablar sin dificultad.
—MARCOS 7:32–35

Señor Jesús,

a veces mis oídos están cerrados al llanto de los necesitados;

a veces mis labios están cerrados por miedo a proclamar la Buena Nueva;

a veces mi ojos están cerrados a las injusticias que hay a mi alrededor;

a veces mi corazón está cerrado al perdón y el amor.

Tócame y di: "¡Effetá!",

para que, sanado y sin temor, se transforme todo mi ser

y proclame mi fe en ti, mi Dios y mi Señor.

Amén.

1 Reyes 11:29–32; 12:19
Salmo 80
Marcos 7:31–37

15 DE FEBRERO

*Jesús mandó a la gente que se sentara en el suelo; tomó los siete panes,
pronunció la acción de gracias, los partió y se los fue dando a sus
discípulos, para que los distribuyeran. Y ellos los fueron distribuyendo
entre la gente.*
—MARCOS 8:6

Jesús bendijo, partió y dio a sus discípulos los siete panes;
pero no se los dio para que se los comieran ellos solos, sino
para que los distribuyeran entre los que se habían congregado
en torno a él y estaban faltos de alimento. El milagro de la
multiplicación de los panes y los peces es un anticipo de la
Eucaristía. Y al igual que en aquella ocasión, cuando nosotros
recibimos el Cuerpo y la Sangre de Cristo en comunión,
no lo recibimos solo para nuestro sustento espiritual, sino
para que al salir por las puertas de la iglesia y proseguir con
nuestra semana, llevemos a Cristo a los demás, para que él
sea también para ellos sustento y fortaleza. Esa es la misión a
la que somos enviados cuando concluye la misa, palabra que
proviene precisamente del vocablo latino "enviar".

1 Reyes 12:26–32; 13:33–34
Salmo 105
Marcos 8:1–10

Dichoso el hombre de conducta intachable, / que cumple la ley del Señor. /
Dichoso el que es fiel a sus enseñanzas / y lo busca de todo corazón.
—SALMO 118:1–2

El cristiano nunca se cansa de buscar a Dios, de acercarse más a él, de escucharlo con mayor atención, de cumplir su voluntad con mayor fidelidad, de compartir sus dones con mayor generosidad, de ser cada vez más consciente de su presencia en el mundo, de estar más atento a cómo obra por medio de los demás. . .

La oración personal y comunitaria, la participación en la vida sacramental, el estudio y seguimiento de las Escrituras y las enseñanzas de la Iglesia, la vivencia de los mandamientos y la puesta en práctica de la doctrina social son algunas de las maneras que nos permiten profundizar en nuestra búsqueda de Dios.

Eclesiástico (Sirácide) 15:16–21
Salmo 118
1 Corintios 2:6–10
Mateo 5:17–37

17 DE FEBRERO

• LOS SIETE SANTOS FUNDADORES DE LA ORDEN DE LOS SIERVOS DE LA VIRGEN MARÍA •

Si a alguno de ustedes le falta sabiduría, que se la pida a Dios y él se la dará; porque Dios da a todos con generosidad y sin regatear. Pero tiene que pedírsela con fe y sin dudar.
—SANTIAGO 1:5–6

No importa si es sabiduría o cualquier otra virtud o don lo que necesitamos. Lo importante, nos dice Santiago en su carta, es que lo pidamos con fe y sin dudar. La fe, la tenemos, pues es gracias a ella que nos dirigimos a Dios con nuestras necesidades, pero a veces esa fe no es tan sólida como quisiéramos y está salpicada de dudas. El apóstol nos invita, como lo modeló Jesús hasta el final, a confiar plenamente en Dios, quien es siempre fiel y generoso.

¿Qué virtud o don le pides a Dios que te otorgue o que afiance en ti? ¿Se lo pides con insistencia y fe? ¿Hay algo que te impida hacerlo? ¿Hay algo que te haga dudar de la generosidad de Dios?

Santiago 1:1–11
Salmo 118
Marcos 8:11–13

Todo beneficio y todo don perfecto viene de lo alto, del creador de la luz, en quien no hay ni cambios ni sombras.
—SANTIAGO 1:17

Piensa en todas las cosas buenas que te han sucedido; en las personas que han sido para ti una bendición; en los dones que has recibido; en los momentos en que has recibido el perdón y la reconciliación; en las situaciones en que has experimentado la alegría, la paz y el amor. . . Agradece a Dios en oración por todo esto, pues de él han provenido todas estas cosas buenas.

Establece el hábito diario de repasar el día que acaba de pasar. Termina con una oración de acción de gracias por todos los beneficios y dones perfectos que has recibido.

Santiago 1:12–18
Salmo 93
Marcos 8:14–21

19 DE FEBRERO

El hombre que procede honradamente / y obra con justicia; / el que es sincero en todas sus palabras / y con su lengua a nadie desprestigia.

[. . .] Ese será agradable / a los ojos de Dios eternamente.

—SALMO 14:2–3,5

Señor Dios,
tú eres la Verdad.
Ayúdame a ser siempre honrado y honesto
en mis obras y palabras.
No permitas que hable mal de los demás
ni participe de chismes y rumores.
Haz que mis palabras sean siempre
fuente de vida y justicia.
Por Cristo, nuestro Señor.
Amén.

Santiago 1:19–27
Salmo 14
Marcos 8:22–26

20 DE FEBRERO

Entonces [Jesús] les preguntó: "Y ustedes, ¿quién dicen que soy yo?"
—MARCOS 8:29

Siéntate en un lugar tranquilo. En silencio, respira profundamente tres veces. Percibe la presencia del Señor junto a ti. Están solos ustedes dos. Jesús te mira a los ojos. Sientes su amor y su ternura. Te sonríe. Tras un momento juntos, te pregunta: ¿quién dices tú que soy yo?

¿Cuál es tu respuesta?

Contéstale en oración.

Santiago 2:1–9
Salmo 33
Marcos 8:27–33

21 DE FEBRERO

• SAN PEDRO DAMIÁN, OBISPO Y DOCTOR DE LA IGLESIA •

*Jesús llamó a la multitud y a sus discípulos y les dijo: "[. . .] El que
quiera salvar su vida, la perderá; pero el que pierda su vida por mí y por el
Evangelio, la salvará".*
—MARCOS 8:34–35

La vida del cristiano es una vida entregada al Evangelio de
Cristo. Y como tal, estamos llamados a vivir y proclamar
la Buena Nueva independientemente de la vocación que
hayamos recibido, ya sea la del matrimonio, la vida de soltero,
la vocación religiosa o la sacerdotal.

Nuestra entrega debe ser total, siguiendo y compartiendo el
ejemplo de Cristo y poniendo en práctica sus enseñanzas
en nuestro hogar, lugar de trabajo, grupos de amigos,
asociaciones y otras comunidades.

¿Cuáles son algunos de los ejemplos de mi entrega al
Evangelio en mi vida diaria?

Santiago 2:14–24,26
Salmo 111
Marcos 8:34—9:1

Simón Pedro tomó la palabra y le dijo: "Tú eres el Mesías, el Hijo de Dios vivo". Jesús le dijo entonces: "¡Dichoso tú, Simón, hijo de Juan, porque esto no te lo ha revelado ningún hombre, sino mi Padre que está en los cielos! Y yo te digo a ti que tú eres Pedro y sobre esta piedra edificaré mi Iglesia".

—MATEO 16:16–18

Señor Dios,
te pedimos por el Santo Padre
y por sus intenciones.
Protégelo y ayúdalo
para que guíe fielmente a tu Iglesia,
su ministerio de fruto
y proclame por toda la tierra
a Cristo, el Mesías,
tu Hijo, nuestro Señor.
Amén.

1 Pedro 5:1–4
Salmo 22
Mateo 16:13–19

Domingo

23 DE FEBRERO

• VII DOMINGO ORDINARIO •

[Jesús dijo a sus discípulos:] "Amen a sus enemigos, hagan el bien a los que los odian y rueguen por los que los persiguen y calumnian, para que sean hijos de su Padre celestial, que hace salir su sol sobre los buenos y los malos, y manda su lluvia sobre los justos y los injustos".
—MATEO 5:43–45

Dios ofrece su amor a todos: a los buenos y a los malos, a los justos y a los injustos. A todos les ofrece su perdón y misericordia; a todos les ofrece su vida y gracia.

¿Cómo vivo yo este mandamiento de Jesús? ¿Guardo rencores? ¿A quién debo perdonar? ¿A quién le debo dar una segunda oportunidad? ¿Soy misericordioso? ¿Soy una persona de amor?

Levítico 19:1–2,17–18
Salmo 102
1 Corintios 3:16–23
Mateo 5:38–48

Jesús le replicó: "[. . .] Todo es posible para el que tiene fe". Entonces el padre del muchacho exclamó entre lágrimas: "Creo, Señor; pero dame tú la fe que me falta".
—MARCOS 9:23–24

La fe es un don de Dios y, como cualquier otro regalo, podemos rechazarla y dejarla a un lado, o aceptarla y ponerla en práctica. Aquellos que la hemos aceptado y la hemos hecho parte de nuestra vida también tenemos que cultivarla.

La vida de oración nos ayuda a afianzar nuestra fe, pues a través de la oración fortalecemos nuestra relación con Dios. Tanto la oración privada, como la comunitaria y la litúrgica, nos acerca cada vez más a nuestro Padre, nos ayuda a discernir su voluntad en nuestra vida, nos ayuda a entendernos mejor a nosotros mismos en relación con nuestro Creador y nos lleva a darnos cuenta de que dependemos totalmente de él.

Santiago 3:13–18
Salmo 18
Marcos 9:14–29

Dios ama celosamente a nuestro espíritu y nos da su gracia con generosidad.
—SANTIAGO 4:5

Amor y gracia. Dos de los dones que Dios nos ofrece con generosidad y sin condiciones.

¿Eres consciente del amor y la gracia de Dios en tu vida? ¿En qué situaciones los has notado? ¿Has aceptado su amor y su gracia? Si no lo has hecho, ¿qué te lo ha impedido? Y si has aceptado el amor y la gracia de Dios, ¿le has manifestado tu agradecimiento? ¿Has compartido esos dones con los demás?

Santiago 4:1–10
Salmo 54
Marcos 9:30–37

26 DE FEBRERO

Dichosos los pobres de espíritu / porque de ellos es el Reino de los cielos.

Escuchen, pueblos todos de la tierra, / habitantes del mundo, estén atentos, / los ricos y los pobres, / lo mismo el hombre noble que el plebeyo.

—SALMO 48:2–3

El Reino de Dios, la plenitud del designio divino para todo lo creado, está destinado a quienes sean pobres de espíritu. Estos son los "dichosos", es decir, los bienaventurados, porque ellos son los que han interiorizado el mensaje de Cristo y lo han vivido siendo humildes, generosos, llenos de amor, personas de paz y justicia, de perdón y misericordia. . .

Todos nosotros —independientemente de nuestra situación económica o social— estamos llamados e invitados a entrar en el Reino de Dios. Lo que se nos pide es que experimentemos una conversión. Cuando esto suceda, el mensaje de Cristo hallará un hogar en nuestro corazón, y nuestra vida será transformada para siempre. Entonces seremos herederos dichosos del Reino de Dios.

Santiago 4:13–17
Salmo 48
Marcos 9:38–40

27 DE FEBRERO

[Jesús dijo:] "La sal es cosa buena; pero si pierde su sabor, ¿con qué se lo
volverán a dar? Tengan sal en ustedes y tengan paz los unos con
los otros".
—MARCOS 9:50

Abundan las guerras y los conflictos, la violencia callejera y
la violencia doméstica. Países enteros sufren de hambrunas y
sequías, muchos gobiernos funcionan a base de corrupción
y fraude, los ricos se hacen más ricos y los pobres se
empobrecen más. . . Estas situaciones son tan comunes que a
veces nos tornamos insensibles y dejan de afectarnos, y nos
limitamos a comentar: "Así es el mundo, no hay nada que yo
pueda hacer". Sin embargo, nuestra fe nos llama a hacer algo,
a dar testimonio vivo de Cristo, quien vino para transformar el
mundo y derrotar al pecado y todas sus expresiones. Nuestra
fe en Cristo es la sal que da sabor a la creación, que lucha por
la justicia, que denuncia la injusticia, que rechaza la muerte y
defiende la vida.

Santiago 5:1–6
Salmo 48
Marcos 9:41–50

Bendice al Señor, alma mía, / que todo mi ser bendiga su santo nombre. / Bendice al Señor, alma mía, / y no te olvides de sus beneficios.

El Señor perdona tus pecados / y cura tus enfermedades; / él rescata tu vida del sepulcro / y te colma de amor y de ternura.

—SALMO 102:1–4

Dios,
tú eres fuente de todo don.
Hago mías las palabras del salmista
y bendigo y alabo
tu santo nombre,
pues siempre estás a mi lado,
ofreciéndome tu sanación,
tú perdón y tu amor.
Te pido que mi corazón
siempre te esté agradecido.
Amén.

Santiago 5:9–12
Salmo 102
Marcos 10:1–12

Mucho puede la oración insistente del justo.
—SANTIAGO 5:16

¿Cómo describirías tu vida de oración personal?

¿Cómo describirías tu vida de oración comunitaria?

¿Cómo podrías fortalecer tu vida de oración?

¿Qué aspecto de tu vida de oración te llena más?

Santiago 5:13–20
Salmo 140
Marcos 10:13–16

[Jesús dijo a sus discípulos:] "Busquen primero el Reino de Dios y su justicia [. . .] No se preocupen por el día de mañana, porque el día de mañana traerá ya sus propias preocupaciones".
—MATEO 6:33–34

La vida del mundo contemporáneo, de nuestra sociedad, no nos deja descansar. Miramos continuamente el reloj y el calendario. Siempre hay algo que tenemos que hacer, algo para lo que nos tenemos que preparar, algo por lo que nos tenemos que preocupar. Corremos el peligro de estar tan pendientes de lo que se avecina que no vivimos el presente. Corremos el peligro de no estar atentos a lo que Dios nos ofrece cada momento de nuestra vida. Corremos el peligro de no prestar atención a la realidad social y a las injusticias que suceden a nuestro alrededor. Corremos el peligro de no aprovechar las oportunidades de proclamar el Evangelio. Corremos el riesgo de no descubrir el Reino de Dios aquí y ahora.

Isaías 49:14–15
Salmo 61
1 Corintios 4:1–5
Mateo 6:24–34

Lunes

3 DE MARZO

• SANTA CATALINA DREXEL, VIRGEN •

[Jesús le contestó:] "Ve y vende lo que tienes, da el dinero a los pobres y así tendrás un tesoro en los cielos. Después, ven y sígueme".
—MARCOS 10:21

Todos reconocemos este episodio del Evangelio: un joven rico, cumplidor de los mandamientos, quiere seguir a Jesús y le pregunta qué debe hacer. Jesús le pide que dé todo lo que posee a los pobres. Pero el muchacho no puede hacerlo y se marcha triste.

¿Qué estarías tú dispuesto a dar para seguir plenamente a Jesús?

1 Pedro 1:3–9
Salmo 110
Marcos 10:17–27

Así como es santo el que los llamó, sean también ustedes santos en toda su conducta, pues la Escritura dice: "Sean santos, porque yo, el Señor, soy santo".
—1 PEDRO 1:15–16

La santidad no es algo a lo que muy pocas personas están llamadas. En virtud de nuestro Bautismo en Cristo, todos nosotros estamos llamados a ser santos. Quizá no seamos reconocidos oficialmente como tales por la Iglesia tras nuestra muerte, pero lo seremos a los ojos de Dios.

La santidad a la que estamos llamados es la que surge al vivir según el Evangelio en nuestro hogar, en nuestro puesto de trabajo, en nuestro día a día.

¿Quién es tu santo favorito? ¿Por qué?

¿Qué persona en tu vida dirías que es o fue una santa? ¿Qué influencia positiva tuvo en ti?

1 Pedro 1:10–16
Salmo 97
Marcos 10:28–31

Esto dice el Señor: / "Todavía es tiempo. / Vuélvanse a mí de todo corazón, / con ayunos, con lágrimas y llanto; / enluten su corazón y no sus vestidos.
Vuélvanse al Señor Dios nuestro, / porque es compasivo y misericordioso, / lento a la cólera, rico en clemencia, / y se conmueve ante la desgracia".
—JOEL 2:12–13

La conversión de corazón. El reorientar nuestra vida hacia Dios. El buscar su perdón y misericordia.

A esto nos llama la Cuaresma que hoy comenzamos.

¿Estás dispuesto a ello?

Joel 2: 12–18
Salmo 50
2 Corintios 5:20—6:2
Mateo 6:1–6,16–18

Jesús dijo a sus discípulos: "Es necesario que el Hijo del hombre sufra mucho, que sea rechazado por los ancianos, los sumos sacerdotes y los escribas, que sea entregado a la muerte y que resucite al tercer día".
—LUCAS 9:22

Comenzamos la Cuaresma por el final, con la predicción de la Resurrección de Jesús tres días después de su muerte. Y debe ser así, pues la vida, la Pasión y la muerte de Jesús no habrían tenido sentido sin la Resurrección. El tiempo de Cuaresma mismo carecería de significado sin la celebración de la Pascua dentro de 40 días.

Que la Cuaresma sea para nosotros un período de conversión y nos ayude a prepararnos para celebrar a Cristo resucitado.

Deuteronomio 30:15–20
Salmo 1
Lucas 9:22–25

*El ayuno que yo quiero de ti es éste, dice el Señor: / Que rompas las
cadenas injustas / y levantes los yugos opresores; / que liberes a los
oprimidos / y rompas todos los yugos; / que compartas tu pan con el
hambriento / y abras tu casa al pobre sin techo; / que vistas al desnudo /
y no des la espalda a tu propio hermano.*
—ISAÍAS 58:6–7

Una de las disciplinas espirituales que se nos invita a practicar
durante este tiempo litúrgico es el ayuno. Esta antigua
práctica nos ayuda a ser conscientes de nuestra dependencia
total en Dios —nuestro verdadero sustento—, a la vez que
nos hace estar atentos a las carencias de los demás. La pobreza
y los demás males sociales son a menudo fruto de la injusticia
y, contra estos, clama el profeta.

Que durante esta Cuaresma y siempre escuchemos la voz de
los profetas —la de ayer y la de hoy— y luchemos por la
justicia en nuestras comunidades y en el mundo entero.

Isaías 58:1–9
Salmo 50
Mateo 9:14–15

Jesús les respondió: "No son los sanos los que necesitan al médico, sino los enfermos. No he venido a llamar a los justos, sino a los pecadores, para que se conviertan".
—LUCAS 5:31–32

Por ti. Por mí. Por todos los hombres y mujeres. Por eso envió Dios a su Hijo, Jesucristo.

Que durante esta Cuaresma escuchemos su invitación a la conversión. ¿Estás dispuesto a aceptarla?

Isaías 58:9–14
Salmo 85
Lucas 5:27–32

*Así como por el pecado de un solo hombre, Adán, vino la condenación
para todos, así por la justicia de un solo hombre, Jesucristo, ha venido
para todos la justificación que da vida.*
—ROMANOS 5:17

Gracias a Cristo, el mundo ha sido recreado. El pecado que irrumpió al principio de los tiempos, y que trajo consigo la muerte y el sufrimiento, ha sido derrotado con la Resurrección de Jesús. El desorden causado por el pecado ha cesado y un nuevo orden ha sido establecido.

Que durante esta Cuaresma nos comprometamos aún más a colaborar con la misión de Cristo, rechazando el pecado en nuestra vida y sociedad y luchando para que cese el sufrimiento y el dolor.

Génesis 2:7–9; 3:1–7
Salmo 50
Romanos 5:12–19 o 5:12,17–19
Mateo 4:1–11

10 DE MARZO

*[Dijo el Señor:] "No odies a tu hermano ni en lo secreto de tu corazón.
[. . .] Ama a tu prójimo como a ti mismo. Yo soy el Señor".*
—LEVÍTICO 19:17–18

¡Qué mandamiento tan breve y sencillo!

¡Qué mandamiento tan difícil de cumplir!

Que durante esta Cuaresma reflexionemos sobre las diferentes maneras en que amamos a nuestro prójimo.

Levítico 19:1–2,11–18
Salmo 18
Mateo 25:31–46

11 DE MARZO

[Jesús dijo a sus discípulos:] "Ustedes, pues, oren así".
—MATEO 6:9(–13)

Padre nuestro que estás en el cielo,
santificado sea tu Nombre;
venga a nosotros tu Reino;
hágase tu voluntad
en la tierra como en el cielo.
Danos hoy
nuestro pan de cada día;
perdona nuestras ofensas,
como también nosotros perdonamos
a los que nos ofenden;
no nos dejes caer en la tentación,
y líbranos del mal.
Amén.
Que esta sea nuestra oración al Padre, durante esta Cuaresma
y siempre.

Isaías 55:10–11
Salmo 33
Mateo 6:7–15

Por tu inmensa compasión y misericordia, / Señor, apiádate de mí y olvida mis ofensas. / Lávame bien de todos mis delitos / y purifícame de mis pecados.

Crea en mí, Señor, un corazón puro, / un espíritu nuevo para cumplir tus mandamientos.

—SALMO 50:3–4,9,12

Este salmo, tradicionalmente llamado el *Miserere,* expresa la actitud y los sentimientos con los que estamos llamados a vivir esta Cuaresma.

¿Estás dispuesto a orar este salmo con fe y sinceridad?

Que durante esta Cuaresma la oración del salmista sea también la nuestra.

Jonás 3:1–10
Salmo 50
Lucas 11:29–32

13 DE MARZO

Jesús dijo a sus discípulos: "Pidan y se les dará; busquen y encontrarán;
toquen y se les abrirá. Porque todo el que pide, recibe; el que busca,
encuentra; y al que toca, se le abre".
—MATEO 7:7–8

La generosidad de Dios es inmensurable. Como Padre nuestro, su amor para con sus hijos no conoce límites. Dios está siempre dispuesto y deseoso de otorgarnos su perdón y misericordia. ¿Estamos nosotros dispuestos y deseosos de recibir su generoso amor, perdón y misericordia?

Que durante esta Cuaresma toquemos sin miedo a la puerta del Señor y le pidamos con humildad su perdón y gracia.

Ester 4:17n,p–r,aa-bb,gg–hh
Salmo 137
Mateo 7:7–12

[Jesús dijo a sus discípulos:] "Si cuando vas a poner tu ofrenda sobre el altar, te acuerdas allí mismo de que tu hermano tiene alguna queja contra ti, deja tu ofrenda junto al altar y ve primero a reconciliarte con tu hermano, y vuelve luego a presentar tu ofrenda".
—MATEO 5:23–24

La conversión a la que estamos llamados no es solo un cambio de corazón hacia Dios, sino también hacia nuestros hermanos y hermanas. No podemos decir que tenemos una relación recta con Dios cuando nuestras relaciones con los demás no lo son; igualmente no podemos decir que amamos a Dios cuando no amamos a los demás.

Que esta Cuaresma sea para nosotros tiempo de reconciliación con nuestros hermanos y hermanas.

Ezequiel 18:21–28
Salmo 129
Mateo 5:20–26

Jesús dijo a sus discípulos: "[. . .] Amen a sus enemigos, hagan el bien a los que los odian y rueguen por los que los persiguen y calumnian, para que sean hijos de su Padre celestial".
—MATEO 5:44–45

El cristiano no solo busca su propia felicidad y Salvación, sino que las desea para todas las personas, incluso para sus enemigos. Son precisamente estos los que quizá estén más necesitados del amor de Cristo. Aunque no se trata de un mandato fácil de poner en práctica y de vivir, es parte de nuestra misión como cristianos. En Cristo tenemos el ejemplo a seguir. Entreguémosle a él en oración nuestras dificultades a la hora de perdonar y amar a nuestros enemigos. Él nos ayudará.

Que durante esta Cuaresma incluyamos en nuestras oraciones a quienes nos han hecho daño.

Deuteronomio 26:16–19
Salmo 118
Mateo 5:43–48

Ahí se transfiguró en su presencia: su rostro se puso resplandeciente como el sol y sus vestiduras se volvieron blancas como la nieve. [. . .]

Una nube luminosa los cubrió y de ella salió una voz que decía: "Este es mi Hijo muy amado, en quien tengo puestas mi complacencias; escúchenlo".

—MATEO 17:2–5

El misterio de la Transfiguración. En aquella ocasión los apóstoles fueron testigos extraordinarios de Cristo glorificado. En aquel momento quedaron sorprendidos y no entendieron lo que aquello prefiguraba. Para nosotros, sin embargo, esta escena no resulta sorprendente, pues ya sabemos quién es Jesús —el Hijo de Dios— y el final de su historia —su Resurrección y Ascensión al cielo en gloria—. Cristo resucitado ilumina con su luz nuestra vida.

Que durante esta Cuaresma continuemos dando testimonio de la Resurrección de Cristo, el muy amado Hijo de Dios.

Génesis 12:1–4
Salmo 32
2 Timoteo 1:8–10
Mateo 17:1–9

Jesús dijo a sus discípulos: "Sean misericordiosos, como su Padre es misericordioso. No juzguen y no serán juzgados; no condenen y no serán condenados; perdonen y serán perdonados".
—LUCAS 6:36–37

Hay ocasiones en las que pensamos que somos dignos o merecedores del perdón y la misericordia de los demás; que se nos debe dar el beneficio de la duda y una segunda oportunidad. Si ese es el caso, ¿por qué no perdonamos a los demás? ¿Por qué los juzgamos sin ni siquiera escucharlos? ¿Por qué cerramos el corazón a los demás?

Que durante esta Cuaresma transformemos nuestro corazón y ofrezcamos a los demás la misma misericordia y el perdón que hemos recibido de Dios.

Daniel 9:4–10
Salmo 78
Lucas 6:36–38

Dejen de hacer el mal, aprendan a hacer el bien,
busquen la justicia, auxilien al oprimido,
defiendan los derechos del huérfano
y la causa de la viuda.
—ISAÍAS 1:16–17

Las palabras del profeta son tan vigentes hoy como hace veintiséis siglos. ¿Qué situaciones de injusticia existen hoy en tu comunidad, en tu país y en el mundo? ¿Quién sufre de opresión? ¿A quién se le violan sus derechos? ¿Qué causas buenas debemos promover?

Que esta Cuaresma nos haga más conscientes de las necesidades de los demás, y nos comprometamos a ser personas justas y solidarias.

Isaías 1:10,16–20
Salmo 49
Mateo 23:1–12

Hermanos: La promesa que Dios hizo a Abraham y a sus descendientes, de que ellos heredarían el mundo, no dependía de la observancia de la ley, sino de la justificación obtenida mediante la fe.
—ROMANOS 4:13,16

A lo largo de la Historia de la Salvación, Dios llamó a individuos y pueblos para que formaran parte de una alianza divina, de una relación especial cimentada en el amor de Dios. Quienes aceptaron esa invitación —los patriarcas, los profetas, los jueces, los reyes— lo hicieron porque tuvieron fe en Dios y confiaron en sus promesas. Y así lo hicieron la Virgen María y José, quienes, confiando en Dios, accedieron a ser instrumentos en su designio divino y, llenos de fe, dijeron sí a Dios.

Que durante esta Cuaresma crezcamos en la fe y aceptemos el llamado que nos hace Dios a cada uno de nosotros.

2 Samuel 7:4–5,12–14,16
Salmo 88
Romanos 4:13,16–18,22
Mateo 1:16,18–21,24 o Lucas 2:41–51

> *"Yo, el Señor, sondeo la mente*
> *y penetro el corazón,*
> *para dar a cada uno según sus acciones,*
> *según el fruto de sus obras".*
> —JEREMÍAS 17:10

No hay nada que escape a Dios. Él sabe lo que guardamos en lo más profundo del corazón: nuestros deseos, debilidades, gozos y tristezas. Dios nos conoce íntimamente. Es él quien nos lleva a actuar con amor, a perdonar a los demás, a ser justos, a ser misericordiosos, a ser hombres y mujeres de paz.

Que durante esta Cuaresma abramos nuestro corazón a Dios y permitamos que sea él quien nos guíe todos los días de nuestra vida.

Jeremías 17:5–10
Salmo 1
Lucas 16:19–31

*"La piedra que desecharon los constructores, es ahora la piedra angular.
Esto es obra del Señor y es un prodigio admirable".*
—MATEO 21:42

Hubo quien no reconoció en Jesús al Hijo de Dios y lo rechazó, incluso hasta el punto de terminar con su vida terrenal. Hoy en día se sigue rechazando a Cristo cuando no se protege la vida del inocente, cuando se guarda silencio ante las injusticias, cuando se permite el sufrimiento, cuando no se perdona o no se ama. . .

Que esta Cuaresma nos sirva para aceptar más profundamente a Cristo en nuestra vida y actuemos de acuerdo a nuestra fe en él.

Génesis 37:3–4,12–13,17b–28
Salmo 104
Mateo 21:33–43,45–46

22 DE MARZO

El Señor perdona tus pecados / y cura tus enfermedades; / él rescata tu vida del sepulcro / y te colma de amor y de ternura.

[. . .] Como desde la tierra hasta el cielo, / así es de grande su misericordia; / como dista el oriente del ocaso / así aleja de nosotros nuestros delitos.

—SALMO 102:3–4,11–12

El sacramento de la Reconciliación nos ofrece la oportunidad de recibir el perdón de Dios tantas veces como lo necesitemos. La Cuaresma es un período idóneo para participar en este sacramento. No importa cuáles sean nuestros pecados ni hace cuánto haya sido nuestra última confesión. El Señor tiene sus brazos siempre abiertos para recibirnos y darnos su misericordia infinita.

Que esta Cuaresma sea tiempo de conversión y de búsqueda del perdón de Dios mediante el sacramento de la Reconciliación.

Miqueas 7:14–15,18–20
Salmo 102
Lucas 15:1–3,11–32

Jesús le contestó: "El que bebe de esta agua vuelve a tener sed. Pero el que beba del agua que yo le daré, nunca más tendrá sed; el agua que yo le daré se convertirá dentro de él en un manantial capaz de dar la vida eterna".
—JUAN 4:13–14

Nuestro deseo de ser felices es también el deseo de Dios. A veces pensamos que una buena posición social, la adquisición de posesiones materiales o el preocuparnos exclusivamente de nosotros mismos a costa de los demás, nos traerán la felicidad. Pero en nuestro corazón sabemos que todo esto solo nos proporciona una felicidad pasajera. Solo Cristo nos puede saciar; solo Cristo nos puede dar la vida eterna, fuente de la verdadera felicidad que todos deseamos.

Que esta Cuaresma nos ayude a preparar nuestro corazón para que Cristo habite en él.

Éxodo 17:3–7
Salmo 94
Romanos 5:1–2,5–8
Juan 4:5–42

Como el venado busca / el agua de los ríos, / así, cansada, mi alma / te busca a ti, Dios mío.
—SALMO 41:2

La sed es símbolo de una necesidad vital. Si la sed no se sacia, cualquier ser vivo muere. El agua representa, y es, la vida física y biológica. El salmista, proveniente de la zona desértica de Oriente Próximo, bien lo sabía. Por eso no es de extrañar que use esa analogía para hablar de nuestro deseo de Dios, que más que un deseo, es una necesidad imperiosa. Sin Dios, que es la fuente de toda vida, no podemos decir que estamos vivos de verdad.

¿Qué significa para mí estar vivo? ¿Cómo me siento interiormente cuando me alejo de Dios? ¿Cómo me siento cuando me acerco más a Dios?

Que esta Cuaresma me ayude a reconocer mi dependencia en Dios, dador de vida.

2 Reyes 5:1–15
Salmos 41 y 42
Lucas 4:24–30

25 DE MARZO

• ANUNCIACIÓN DEL SEÑOR •

El ángel Gabriel fue enviado por Dios a una ciudad de Galilea, llamada
Nazaret, a una virgen. [. . .] La virgen se llamaba María.
Entró el ángel a donde ella estaba y le dijo: "Alégrate, llena de gracia, el
Señor está contigo".
—LUCAS 1:26–28

Dios te salve, María,
llena eres de gracia;
el Señor es contigo.
Bendita Tú eres
entre todas las mujeres,
y bendito es el fruto de tu vientre, Jesús.
Santa María, Madre de Dios,
ruega por nosotros, pecadores,
ahora y en la hora de nuestra muerte.
Amén.
Que durante esta Cuaresma digamos "sí" a la llamada de Dios.

Isaías 7:10–14
Salmo 39
Hebreos 10:4–10
Lucas 1:26–38

26 DE MARZO

En aquellos tiempos, habló Moisés al pueblo, diciendo: "Ahora, Israel, escucha los mandatos y preceptos que te enseño, para que los pongas en práctica y puedas así vivir y entrar a tomar posesión de la tierra que el Señor, Dios de tus padres, te va a dar".
—DEUTERONOMIO 4:1

Moisés guiaba al Pueblo de Dios hacia la Tierra Prometida, donde podrían vivir libres de la esclavitud de Egipto. Nosotros, el nuevo Pueblo de Dios, nos dirigimos al Reino de Dios, donde podremos vivir en su gracia, libres de la esclavitud del pecado. Por esto fue que Jesús vivió, padeció, murió y resucitó. Nos corresponde a nosotros vivir según sus enseñanzas y mandamientos, de manera que nuestra vida refleje la fe que profesamos en Cristo, nuestro Salvador.

Que esta Cuaresma nos ayude a reflexionar sobre cómo podemos ser más fieles a la Palabra de Dios y así ser recibidos en su Reino.

Deuteronomio 4:1,5–9
Salmo 147
Mateo 5:17–19

27 DE MARZO

*Vengan, lancemos vivas al Señor, / aclamemos al Dios que nos salva. /
Acerquémonos a él, llenos de júbilo, / y démosle gracias.*

Hagámosle caso al Señor, que nos dice: / "No endurezcan su corazón".

—SALMO 94

A pesar de que la Cuaresma se suele asociar con un tiempo de tristeza y pesimismo, el cristiano está llamado a ser una persona de gozo, alegría y júbilo, incluso durante estos 40 días y 40 noches. Y lo debemos ser porque sabemos lo que nos espera al final de este período; porque sabemos lo que sucedió al cabo de tres días de la muerte de Jesús: su Resurrección de entre los muertos. Es por eso que podemos estar alegres y ofrecer siempre una actitud de agradecimiento y gozo, pues gracias a la Resurrección, el pecado y la muerte han sido derrotados y nosotros salvados.

Que durante esta Cuaresma aceptemos la invitación a la conversión y a la transformación de nuestro corazón.

Jeremías 7:23–28
Salmo 94
Lucas 11:14–23

Uno de los escribas se acercó a Jesús y le preguntó: "¿Cuál es el primero de todos los mandamientos?" Jesús le respondió: "El primero es: Escucha, Israel: El Señor, nuestro Dios, es el único Señor; amarás al Señor, tu Dios, con todo tu corazón, con toda tu alma, con toda tu mente y con todas tus fuerzas. El segundo es éste: Amarás a tu prójimo como a ti mismo. No hay ningún mandamiento mayor que estos".
—MARCOS 12:28–31

¿Cómo amo a Dios con todo mi corazón?

¿Cómo amo a Dios con toda mi alma?

¿Cómo amo a Dios con toda mi mente?

¿Cómo amo a Dios con todas mis fuerzas?

¿Amo al prójimo como a mí mismo?

Que esta Cuaresma nos ayude a reflexionar acerca de cómo vivimos estos dos mandamientos en nuestro día a día.

Oseas 14:2–10
Salmo 80
Marcos 12:28–34

El publicano [. . .] lo único que hacía era golpearse el pecho, diciendo:
"Dios mío, apiádate de mí, que soy un pecador".
—LUCAS 18:13

El publicano, humilde y honesto ante Dios, expresa en nueve palabras la actitud con la que estamos llamados a vivir la Cuaresma; una actitud que también el salmo de hoy, el *Miserere,* formula poéticamente:

Por tu inmensa compasión y misericordia,
Señor, apiádate de mí y olvida mis ofensas.
Lávame bien de todos mis delitos,
y purifícame de mis pecados.
Un corazón contrito te presento,
y a un corazón contrito, tú nunca lo desprecias.

Que durante esta Cuaresma reconozcamos nuestra pecaminosidad y sepamos pedir y aceptar humildemente el perdón de Dios.

Oseas 6:1–6
Salmo 50
Lucas 18:9–14

Domingo

30 DE MARZO

• IV DOMINGO DE CUARESMA •

El Señor es mi pastor, nada me falta; / en verdes praderas me hace reposar / y hacia fuentes tranquilas me conduce / para reparar mis fuerzas.

[. . .] Me guía por el sendero recto; / así, aunque camino por cañadas oscuras, / nada temo, porque tú estás conmigo. / Tu vara y tu cayado me dan seguridad.

—SALMO 22

Este es quizá uno de los salmos más conocidos y queridos. Lo asociamos con el descanso final de los que tienen fe. Sin embargo, ¿quién de nosotros no se ha sentido en algún momento "cansado" y necesitado de la fortaleza de Dios? ¿Quién de nosotros no ha podido superar momentos difíciles y oscuros, gracias a la seguridad y la compañía de Dios? Este salmo es una oración de alabanza y confianza en Dios, quien nos ayuda en las situaciones difíciles que nos deparará la vida.

Que esta Cuaresma sea una oportunidad de proclamar a los demás que Dios nunca nos ha abandonado ni lo hará.

1 Samuel 16:1,6–7,10–13
Salmo 22
Efesios 5:8–14
Juan 9:1–41

Lunes

31 DE MARZO

Esto dice el Señor:

"Voy a crear un cielo nuevo y una tierra nueva;
ya no recordaré lo pasado,
lo olvidaré de corazón.

Se llenarán ustedes de gozo y de perpetua alegría
por lo que voy a crear".
—ISAÍAS 65:17–18

Las palabras del profeta bien podrían hacer alusión a lo que Dios hace por nosotros cada vez que reconocemos nuestros pecados y nos comprometemos a no volver a pecar. Cada vez que participamos del sacramento de la Reconciliación Dios perdona nuestros pecados pasados y crea en nosotros un corazón nuevo. Fruto del amor y la misericordia de Dios, su perdón incondicional es en verdad motivo para que estemos gozosos y llenos de alegría.

Que durante esta Cuaresma disfrutemos del perdón de Dios mediante el sacramento de la Reconciliación.

Isaías 65:17–21
Salmo 29
Juan 4:43–54

1 DE ABRIL

Más tarde lo encontró Jesús en el templo [al enfermo que había curado] y le dijo: "Mira, ya quedaste sano. No peques más".
—JUAN 5:14

Una vez que Dios perdona nuestros pecados, estos dejan de existir en su memoria. Como lo decía Dios ayer por boca de Isaías: "Ya no recordaré lo pasado, lo olvidaré de corazón". El perdón de Dios nos da la oportunidad de comenzar de nuevo, como si fuéramos una nueva creación. Y como seres con libre voluntad que somos, de nosotros mismos depende cómo nos vamos a comportar, si vamos a seguir y vivir o no sus mandamientos o si caeremos o no en la tentación de volver a pecar. Pero siempre siendo conscientes de la existencia del pecado y de que, pase lo que pase, Dios nos ofrece constantemente su perdón y su amor incondicional.

Que durante esta Cuaresma profundicemos en nuestro entendimiento y experiencia del perdón de Dios.

Ezequiel 47:1–9,12
Salmo 45
Juan 5:1–3,5–16

Miércoles

2 DE ABRIL

• SAN FRANCISCO DE PAULA, ERMITAÑO •

El Señor es compasivo y misericordioso, / lento para enojarse y generoso para perdonar. / Bueno es el Señor para con todos / y su amor se extiende a todas sus creaturas.
—SALMO 144

A medida que nos acercamos al final de la Cuaresma —a la Semana Santa y al Triduo Pascual— el perdón, el amor y la misericordia de Dios se convierten en temas centrales de las lecturas. No nos debe sorprender, pues, que este tiempo litúrgico nos llame a regocijarnos en el amor de Dios, a rechazar el pecado, a buscar el perdón divino y a prepararnos para celebrar la Resurrección de Cristo, mediante la cual, el pecado fue derrotado por el amor de Dios de una vez para siempre.

Que esta Cuaresma continúe siendo para nosotros tiempo de arrepentimiento, conversión y alegría.

Isaías 49:8–15
Salmo 144
Juan 5:17–30

3 DE ABRIL

[Jesús dijo:] las obras que el Padre me ha concedido realizar y que son las que yo hago, dan testimonio de mí y me acreditan como enviado del Padre.
—JUAN 5:36

Nuestra vida es un reflejo de nuestros valores, creencias y prioridades. . . es decir, de lo que hay en nuestro corazón. Si nuestro corazón es de piedra, si solo tiene espacio para el rencor, el odio, la avaricia, el egoísmo, etcétera, entonces nuestras acciones lo reflejarán. Si por el contrario, nuestro corazón está lleno de amor, generosidad, perdón, etcétera, entonces nuestras obras lo reflejarán. Este es el corazón que Dios quiere que tengamos; un corazón que dé testimonio de nuestra fe en Cristo.

Que esta Cuaresma nos ayude a transformar nuestro corazón, de manera que los demás reconozcan en nuestras acciones que somos seguidores de Cristo.

Éxodo 32:7–14
Salmo 105
Juan 5:31–47

4 DE ABRIL

• SAN ISIDORO, OBISPO Y DOCTOR DE LA IGLESIA •

Muchas tribulaciones pasa el justo, / pero de todas ellas Dios lo libra.

Por los huesos del justo vela Dios, / sin dejar que ninguno se lo quiebre. /
Salva el Señor la vida de sus siervos; / no morirán quienes en él esperan.

—SALMO 33

Las palabras del salmista anticipan el misterio de Jesús
—quien padeció, a quien no le quebraron los huesos, quien
fue el siervo sufriente y para quien la Resurrección, y no
la muerte, fue el final—. Pero estas palabras también nos
sirven de consuelo a nosotros quienes, a pesar de intentar ser
personas buenas y justas, nos encontramos con el pecado, las
dificultades y el sufrimiento. A nosotros, a través del salmista,
Dios nos da esperanza y la promesa de la vida eterna.

Que esta Cuaresma sirva para que afiancemos nuestra
confianza y esperanza en Cristo, nuestro Salvador.

Sabiduría 2:1,12–22
Salmo 33
Juan 7:1–2,10, 25–30

Tú que llegas, Señor, a lo más hondo / del corazón humano, / tú júzgame, Señor, según mis méritos; / conforme a mi inocencia, da tu fallo. / Apoya al hombre recto.
—SALMO 7

Estas son las palabras de un ser humano que se presenta ante Dios con toda honestidad y humildad. De pie, frente al Señor, le abre su corazón y se lo enseña para que lo examine.

¿Podrías tú hacer lo mismo? ¿Puedes entregarle a Dios tu corazón, con todo lo bueno y todo lo malo que guardas en él? ¿Qué crees que te diría Dios? ¿Y tú a él?

Que durante esta Cuaresma continuemos acercándonos cada vez más a Dios, con sinceridad, honestidad y entrega total.

Jeremías 11:18–20
Salmo 7
Juan 7:40–53

Domingo

6 DE ABRIL

• V DOMINGO DE CUARESMA •

Jesús le dijo: "Yo soy la resurrección y la vida. El que cree en mí, aunque haya muerto, vivirá; y todo aquel que está vivo y cree en mí, no morirá para siempre. ¿Crees tú esto?"
—JUAN 11:25

La pregunta que Jesús hizo a Marta nos la hace él a nosotros también, hoy y todos los días: ¿Crees tú esto?

¿Cuál es tu respuesta?

Que esta Cuaresma nos ayude a prepararnos para adentrarnos con fe en el Misterio Pascual de la vida, Pasión, muerte y Resurrección de Cristo.

Ezequiel 37:12–14
Salmo 129
Romanos 8:8–11
Juan 11:1–45 o 11:3–7,20–27,33–45

[Jesús] les dijo: "Aquel de ustedes que no tenga pecado que le tire la primera piedra". Se volvió a agachar y siguió escribiendo en el suelo.
—JUAN 8:3

Nos resulta muy fácil ver los pecados de los demás, no así tanto el reconocer los propios. Nos resulta muy fácil juzgar a los demás, no así tanto el que seamos juzgados por los demás. Nos resulta muy fácil creernos merecedores de ser perdonados, no así tanto el perdonar a los demás. . .

Jesús nos reta a vernos y a tratarnos a nosotros mismos y a los demás de una manera diferente: como su Padre y él nos ven y nos tratan.

Que esta Cuaresma nos ayude a perdonar, cada vez más, a los demás y a nosotros mismos.

Daniel 13:1–9,15–17,19–30,33–62 o 13:41–62
Salmo 22
Juan 8:1–11

8 DE ABRIL

Señor, escucha mi plegaria; / que a tu presencia lleguen mis clamores. / El día de la desgracia, / Señor, no me abandones. / Cuando te invoque, escúchame / y enseguida respóndeme.
—SALMO 101

Los salmos a veces parecen cantos llenos de angustia y desesperanza, y es posible que estos sentimientos llevaran al salmista a escribirlos. Sin embargo, estos salmos son todos expresiones de confianza y fe en Dios. Las peticiones del salmista —"escucha", "no me abandones", "escúchame", "respóndeme"— no están basadas en esperanzas vacías. Al contrario, el salmista se las dirige a Dios precisamente porque sabe que él siempre está a nuestro lado. Sabe que Dios jamás abandona a sus creaturas, que jamás nos oculta su perdón.

Que esta Cuaresma nos ayude a afrontar las dificultades de nuestra vida, con oración, fe y esperanza en Dios.

Números 21:4–9
Salmo 101
Juan 8:21–30

Jesús dijo a los que habían creído en él: "Si se mantienen fieles a mi palabra, serán verdaderos discípulos míos, conocerán la verdad y la verdad los hará libres". Ellos replicaron: "Somos hijos de Abraham y nunca hemos sido esclavos de nadie. ¿Cómo dices tú: 'Serán libres'?"
—JUAN 8:31–33

Lo más probable es que ninguno de los que estamos usando este libro seamos literalmente esclavos. Pero todos, por nuestra condición de seres humanos, sí somos esclavos de situaciones como las adicciones, el consumismo, el individualismo, el egoísmo. . . y, por supuesto, el pecado. Cristo vino a liberarnos de la esclavitud del pecado, para que así podamos ser libres y ser las personas que Dios quiso que fuéramos al momento de crearnos. ¿Qué me ata y no me deja ser verdaderamente libre?

Que esta Cuaresma sea para nosotros una oportunidad de entregar en fe nuestras cadenas y ataduras al Señor.

Daniel 3:14–20,49–50,91–92,95
Daniel 3
Juan 8:31–42

*Contestó Jesús: "Si yo me glorificara a mí mismo, mi gloria no valdría
nada. El que me glorifica es mi Padre".*
—JUAN 8:54–55

Jesús no buscaba las adulaciones de los demás, ni esperaba que
lo adoraran. Él era consciente de que todo su poder provenía
de Dios y que su misión era la de guiar a todos a Dios. En Jesús
encontramos el ejemplo a seguir: el de compartir el amor, el
perdón, la paz y la justicia de Dios. Al hacerlo, glorificamos a
Dios y colaboramos en el establecimiento de su Reino aquí en
la tierra. Jesús nos enseña el camino que nos lleva hasta Dios,
su Padre y Padre nuestro.

Que esta Cuaresma nos ayude a continuar siendo
instrumentos del amor divino, de manera que nuestras obras
y palabras glorifiquen a Dios y guíen a los demás a su abrazo
paternal.

Génesis 17:3–9
Salmo 104
Juan 8:51–59

Yo te amo, Señor, tú eres mi fuerza, / el Dios que me protege y me libera.

Tú eres mi refugio, / mi salvación, mi escudo, mi castillo. / Cuando invoqué al Señor de mi esperanza, / al punto me libró de mi enemigo.

[. . .]En el peligro invoqué al Señor, / en mi angustia le grité a mi Dios; / desde su templo, él escuchó mi voz / y mi grito llegó a sus oídos.

—SALMO 17

Evoca algunos momentos difíciles y oscuros de tu vida que lograste superar. En tales ocasiones, ¿qué papel jugó tu fe? ¿Invocaste la ayuda de Dios? ¿Hablaste con él en oración? ¿Sentiste su presencia amorosa? ¿Cómo te ayudó? ¿Cómo te sentiste una vez superada la dificultad? ¿Expresaste tu agradecimiento a Dios por ello?

Que esta Cuaresma continúe ayudándonos a ser conscientes de la presencia constante de Dios en nuestra vida, incluso en los momentos más difíciles, y de cómo estamos llamados a siempre darle gracias por ello.

Jeremías 20:10–13
Salmo 17
Juan 10:31–42

Esto dice el Señor Dios: "[. . .] Haré de ellos un solo pueblo en mi tierra, en los montes de Israel; habrá un solo rey para todos ellos y nunca más volverán a ser dos naciones, ni a dividirse en dos reinos".
—EZEQUIEL 37:21–22

El profeta nos invita a reflexionar acerca de nuestra vida y de los que podríamos llamar el Reino de la gracia y el Reino del pecado. Todos somos muy conscientes de cómo el pecado nos divide y aleja de nosotros mismos, de los demás y de Dios. Por ello, y para que vivamos unidos en el Reino de la gracia, Dios ha establecido un solo rey, Jesucristo, quien derrotó al pecado para siempre.

Que este tiempo de Cuaresma nos continúe ayudando a rechazar el pecado y a aceptar ser ciudadanos del Reino de la gracia de Dios que Cristo nos ofrece a través de los sacramentos, especialmente los de la Eucaristía y la Reconciliación.

Ezequiel 37:21–28
Jeremías 31
Juan 11:45–56

Domingo

13 DE ABRIL

• DOMINGO DE RAMOS "DE LA PASIÓN DEL SEÑOR" •

"'¡Hosanna! ¡Viva el Hijo de David! ¡Bendito el que viene en nombre del
señor! ¡Hosanna en el cielo!'"
—MATEO 21:9

Hoy comienza la Semana Santa, la celebración de los últimos días de la vida terrenal de Jesús; días llenos de agonía, tristeza, sufrimiento, tentaciones, traiciones, abandono, Pasión y muerte. Y aun así, comenzamos la celebración del Domingo de Ramos con cantos de alegría. Aunque esta actitud de júbilo parezca extraña, no lo es porque sabemos qué sucede tras la muerte de Jesús y lo que esto significa para nosotros y para el mundo. Comenzamos la Semana Santa con la mirada y la esperanza puestas en su Resurrección. Así vive su vida el cristiano.

¿Cómo reflejas el gozo de la Resurrección en tu vida diaria?

BENDICIÓN DE LAS PALMAS
Mateo 21:1–11

MISA
Isaías 50:4–7
Salmo 21
Filipenses 2,6–11
Mateo 26:14—27,66 o 27,11–54

Miren a mi siervo, a quien sostengo; [. . .]
En él he puesto mi espíritu,
para que haga brillar la justicia sobre las naciones.
—ISAÍAS 42:1

Desde el principio Jesús anunció que en él se cumplían la profecía de quien vendría a liberar a los cautivos, dar vista a los ciegos, pregonar la Buena Nueva y anunciar el año de gracia del Señor... En otras palabras, venía para restaurar el Reino de Dios, donde el desorden causado por el pecado no existe más, donde todos reciben lo que les corresponde en lugar de sufrir injusticias, donde se vive en la libertad de la gracia de Dios y donde todos ven con los ojos de la fe y el amor. Y por eso murió en la cruz.

Reza al Espíritu Santo, para que te guíe y ayude a ser instrumento de la justicia de Dios y reflejo de su Hijo Jesucristo.

Isaías 42:1–7
Salmo 26
Juan 12:1–11

_Señor, tú eres mi esperanza, / que no quede yo jamás defraudado. / Tú, que
eres justo, ayúdame y defiéndeme; / escucha mi oración y ponme a salvo._

_Sé para mí un refugio, / ciudad fortificada en que me salves. / Y pues eres
mi auxilio y mi defensa, / líbrame, Señor, de los malvados._

—SALMO 70

Bien podría haber sido este salmo una de las oraciones que
Jesús rezó en los días antes de su Pasión y muerte, cuando se
dio cuenta de que había quienes deseaban su muerte, quienes
lanzaban falsos rumores y acusaciones en su contra, quienes
obstaculizaban su ministerio e intentaban engañarlo. . . Una
oración de completa confianza y esperanza en Dios, su Padre,
en los momentos más difíciles de su vida.

¿Confías plenamente en Dios? ¿Cuál es tu oración en los
momentos difíciles? ¿Cómo te enseña Jesús a afrontarlos?

Isaías 49:1–6
Salmo 70
Juan 13:21–33,36–38

Miércoles

16 DE ABRIL

• MIÉRCOLES DE LA SEMANA SANTA •

[Jesús dijo:] "Mi hora está ya cerca. Voy a celebrar la Pascua con mis discípulos en tu casa".
—MATEO 26:18

Se acerca la hora, se aproximan los días más sagrados de nuestro calendario litúrgico, el Triduo Pascual —Jueves Santo, Viernes Santo y Sábado Santo— y el Domingo de Pascua.

Reflexiona hoy sobre tu experiencia cuaresmal y tu preparación para estos día santos.

¿Cómo te has preparado para ellos? ¿Qué transformación interior has experimentado? ¿Cómo vas a participar en la celebración del Triduo Pascual, en las liturgias y actos de devoción, en tu parroquia o diócesis?

Isaías 50:4–9
Salmo 68
Mateo 26:14–25

[Jesús] se levantó de la mesa, se quitó el manto y tomando una toalla, se la ciñó; luego echó agua en una jofaina y se puso a lavarles los pies a los discípulos y a secárselos con la toalla que se había ceñido.
—JUAN 13:4–5

Hoy conmemoramos la institución de la Eucaristía, fuente y cumbre de la vida de la Iglesia, al recordar la noche en la que Jesús celebró la Última Cena. En aquella celebración Jesús ofreció su Cuerpo y Sangre y estableció la Nueva Alianza, a la que ahora pertenecemos. Aquella noche —mediante el lavatorio de los pies— también nos dio un ejemplo de servicio y de entrega total a los demás, que son características esenciales del cristiano.

¿Aceptas la invitación de Cristo a recibir su Cuerpo y Sangre? ¿De entregarte a Dios y a los demás como lo hizo él?

MISA DEL SANTO CRISMA
Isaías 61:1–3,6,8–9
Salmo 88
Apocalipsis 1:5–8
Lucas 4:16–21

MISA VESPERTINA DE LA CENA DEL SEÑOR
Éxodo 12:1–8,11–14
Salmo 115
1 Corintios 11:23–26
Juan 13:1–15

18 DE ABRIL

• VIERNES SANTO DE LA PASIÓN DEL SEÑOR •

[Jesús,] inclinando la cabeza, entregó el espíritu.
—JUAN 19:30

Hoy nos faltan las palabras. Se nos desgarra el corazón. Cristo en la cruz. Desnudo, sangrante, sufriente. Cristo en la cruz. Encomienda su espíritu en manos del Señor y exhala su último suspiro. Cristo en la cruz.

Cristo ha muerto. Y todo por amor. Todo por nuestra Salvación.

Hoy meditemos y miremos el árbol de la cruz, donde estuvo clavada la Salvación del mundo.

Vayamos a adorarlo.

CELEBRACIÓN DE LA PASIÓN
DE NUESTRO SEÑOR
Hoy no se celebra la Santa Misa.
Isaías 52:13—53:12
Salmo 30
Hebreos 4:14–16; 5:7–9
Juan 18:1—19:42

19 DE ABRIL

*El ángel se dirigió a las mujeres y les dijo: "No teman. Ya sé que buscan a
Jesús, el crucificado. No está aquí; ha resucitado, como lo había dicho.
Vengan a ver el lugar donde lo habían puesto. Y ahora, vayan de prisa a
decir a sus discípulos: 'Ha resucitado de entre los muertos'".*
—MATEO 28:5–7

¡Aleluya! ¡Aleluya! Cristo ha resucitado. ¡Aleluya! ¡Aleluya!

Las lecturas de la Vigilia Pascual, la "madre de todas las
vigilias", narran la historia del Pueblo de Dios, nuestra
historia. Cristo nos ha traído la Salvación. Vayamos de prisa a
decir a todos:

¡Aleluya! ¡Aleluya! Cristo ha resucitado. ¡Aleluya! ¡Aleluya!

VIGILIA PASCUAL DE LA
NOCHE SANTA
Génesis 1:1—2:2 o 1:1,26–31
Salmo 103 o Salmo 32
Génesis 22:1–18 o 22:1–2,9–13,15–18
Salmo 15
Éxodo 14:15—15:1
Éxodo 15
Isaías 54:5–14
Salmo 29

Isaías 55:1–11
Isaías 12
Baruc 3:9–15,32—4:4
Salmo 18
Ezequiel 36:16–28
Salmos 41 y 42 o Isaías 12 o Salmo 50
Romanos 6:3–11
Salmo 117
Mateo 28:1–10

20 DE ABRIL

• DOMINGO DE PASCUA • RESURRECCIÓN DEL SEÑOR •

Nosotros somos testigos de cuanto él hizo en Judea y en Jerusalén. Lo mataron colgándolo de la cruz, pero Dios lo resucitó al tercer día.
—HECHOS 10:39-40

Esta afirmación es la razón de nuestra fe, que Jesucristo vivió, padeció, murió en la cruz y resucitó. Sin la Resurrección nada habría tenido sentido. Sin la Resurrección la muerte no habría sido desterrada. Sin la Resurrección el pecado no habría sido derrotado. Sin la Resurrección no habríamos recibido la Salvación.

Como discípulos de Cristo, nos regocijamos en la Resurrección. Proclamemos hoy y siempre ¡Aleluya! ¡Aleluya! Cristo ha resucitado. Este es el día del triunfo del Señor, día de júbilo y de gozo. ¡Aleluya! ¡Aleluya!

MISA DEL DÍA
Hechos 10:34,37-43
Salmo 117
Colosenses 3:1-4 o 1 Corintios 5:6-8
Juan 20:1-9 o Mateo 28:1-10 (o por la tarde,
Lucas 24:13-35)

Lunes

21 DE ABRIL

• OCTAVA DE PASCUA •

Bendeciré al Señor, que me aconseja, / hasta de noche me instruye internamente. / Tengo siempre presente al Señor / y con él a mi lado, jamás tropezaré.

Por eso se me alegran el corazón y el alma / y mi cuerpo vivirá tranquilo, / porque tú no me abandonarás a la muerte / ni dejarás que sufra yo la corrupción.

—SALMO 15

Que esta sea hoy nuestra oración y canto de alabanza. Llenos del gozo y la alegría de la Pascua, expresamos nuestra confianza y esperanza en el Señor, que siempre nos acompaña de día y de noche, que nos instruye con su Palabra, que nos guía y apoya en los momentos difíciles y que nos promete la vida en abundancia.

¡Aleluya! ¡Aleluya!

Hechos 2:14,22–33
Salmo 15
Mateo 28:8–15

Martes

22 DE ABRIL

• OCTAVA DE PASCUA •

María Magdalena se fue a ver a los discípulos para decirles que había visto al Señor y para darles su mensaje.
—JUAN 20:18

La tristeza y el desconcierto que sintieron los discípulos al morir Jesús, y luego al encontrar el sepulcro vacío, se tornaron en alegría incontrolable al saber de su Resurrección. El gozo de María Magdalena al encontrarse con Cristo resucitado, y el mandato de este de ir a decírselo a los demás, la lleva a proclamar a los discípulos la Buena Nueva de la Resurrección y a transmitir el mensaje de Cristo.

Oremos para que nosotros seamos también proclamadores de Cristo resucitado y de su mensaje de Salvación.

¡Aleluya! ¡Aleluya!

Hechos 2:36–41
Salmo 32
Juan 20:11–18

Pedro le dijo [al hombre lisiado que pedía limosna]: "No tengo ni oro ni plata, pero te voy a dar lo que tengo: En el nombre de Jesucristo nazareno, levántate y camina". Y tomándolo de la mano, lo incorporó.
—HECHOS 3:6–7

Los apóstoles continuaron la misión de Jesús después de que este hubiera ascendido a los cielos: enseñaron, expulsaron malos espíritus y sanaron a los enfermos, todo ello en nombre de Jesús resucitado. Su fe en él les era suficiente.

Nosotros, que hemos sido bautizados en nombre de Jesús y que profesamos nuestra fe en él, también somos enviados a continuar su misión y colaborar en la instauración plena del Reino de Dios.

¿Cómo expresas tu fe en Cristo? ¿Cómo continúas su misión en tu vida?

¡Aleluya! ¡Aleluya!

Hechos 3:1–10
Salmo 104
Lucas 24:13–35

Se presentó Jesús en medio de ellos y les dijo: "La paz esté con ustedes".
Ellos, desconcertados y llenos de temor, creían ver un fantasma. Pero él les
dijo: "No teman; soy yo. ¿Por qué se espantan?"
—LUCAS 24:36–38

La verdadera paz proviene de Cristo, esa paz profunda e interior que calma nuestros miedos, que acalla nuestras dudas, que provoca gozo y nos lleva a la gratitud.

En la vida, sin duda alguna, seguiremos afrontando momentos de incertidumbre, temor, angustia y hasta desesperanza. En tales situaciones podemos dirigirnos al Señor, entregarle todos nuestros miedos y abrir nuestro corazón para recibir la paz que él siempre nos ofrece y desea que disfrutemos.

A nosotros Cristo nos dice: "La paz esté con ustedes".

¡Aleluya! ¡Aleluya!

Hechos 3:11–26
Salmo 8
Lucas 24:35–48

Viernes

25 DE ABRIL

• OCTAVA DE PASCUA •

*En aquellos días, mientras Pedro y Juan hablaban al pueblo, se
presentaron los sacerdotes, el jefe de la guardia del templo y los saduceos,
indignados porque los apóstoles enseñaban al pueblo y anunciaban la
resurrección de los muertos por el poder de Jesús.*
—HECHOS 4:1–2

El mensaje del Evangelio y el anuncio de la Resurrección
de Jesús a veces no son fáciles de asimilar en nuestros días.
Incluso, como sucedió ya en tiempos de los apóstoles, son
recibidos con sospechas, indignación y rechazo. Pero esto
no quiere decir que debamos mantener nuestra fe cautiva y
reservada a nuestro ámbito privado. Al contrario, el discípulo
de Jesús está llamado por su fe misma a proclamar a Cristo en
todos los aspectos de su vida, de manera que la Buena Nueva
alcance y transforme cada rincón de la tierra.

¿Cómo comparto mi fe con los demás? ¿Cómo proclamo a
Cristo en mi día a día?

¡Aleluya! ¡Aleluya!

Hechos 4:1–12
Salmo 117
Juan 21:1–14

Abranme las puertas del templo, / que quiero entrar a dar gracias a Dios. / Esta es la puerta del Señor / y por ella entrarán los que le viven fieles. / Te doy gracias, Señor, pues me escuchaste / y fuiste para mí la salvación.
—SALMO 117

El salmo de hoy expresa nuestro deseo de vivir conforme a la voluntad y enseñanzas de Dios; expresa nuestra fe y confianza en que Dios siempre escucha nuestra oración, y expresa nuestro gozo y gratitud porque Cristo resucitado nos ha traído la Salvación.

Oremos para que estas palabras del salmista las recitemos no solo en nuestro corazón, sino que las pongamos en práctica en nuestra vida y las proclamemos a todos aquellos con quienes nos encontremos.

¡Aleluya! ¡Aleluya!

Hechos 4:13–21
Salmo 117
Marcos 16:9–15

Domingo

27 DE ABRIL

• II DOMINGO DE PASCUA •

"Aquí están mis manos; acerca tu dedo. Trae acá tu mano, métela en mi costado y no sigas dudando, sino cree". Tomás le respondió: "¡Señor mío y Dios mío!" Jesús añadió: "Tú crees porque me has visto; dichosos los que creen sin haber visto".
—JUAN 20:27–29

Jesucristo,
tú has vencido a la muerte
y nos has traído la Salvación.
Te pido crecer en la fe,
ser siempre consciente
de tu presencia en mi vida,
y a proclamarte,
sin temor ni dudas, como
¡Señor mío y Dios mío!
Amén.

Hechos 2:42–47
Salmo 117
1 Pedro 1:3–9
Juan 20:19–31

28 DE ABRIL

• SAN PEDRO CHANEL, PRESBÍTERO Y MÁRTIR • SAN LUIS MARÍA GRIGNION DE
MONTFORT, PRESBÍTERO •

[Dijo Jesús:] "Yo te aseguro que el que no nace del agua y del Espíritu, no puede entrar en el Reino de Dios".
—JUAN 3:5

Oremos al Espíritu Santo:

Ven, Espíritu Creador,
llena con tu divina gracia,
los corazones que creaste.
Infunde tu amor en nuestros corazones.
Danos pronto la paz,
sé nuestro director y nuestro guía,
para que evitemos todo mal.
Por ti conozcamos al Padre,
al Hijo revélanos también.
Amén.

Hechos 4:23–31
Salmo 2
Juan 3:1–8

*Ninguno pasaba necesidad, pues los que poseían terrenos o casas, los
vendían, llevaban el dinero y lo ponían a disposición de los apóstoles, y
luego se distribuía según lo que necesitaba cada uno.*
—HECHOS 4:34–35

Desde sus orígenes, la Iglesia ha respondido a las necesidades
de los demás. Siguiendo el ejemplo de Jesús, quien nunca
desatendió el llanto de los necesitados, los cristianos nos
hemos caracterizado por nuestra solidaridad para con los
demás y nuestra lucha por la justicia. La Buena Nueva no es
un simple mensaje que proclamar, sino también un mensaje
que vivir. La doctrina social de la Iglesia nos guía en ello,
ayudándonos a poner el Evangelio en acción.

¿Qué personas necesitadas hay a tu alrededor? ¿Cómo las
puedes ayudar? ¿Cómo colaboras con la Iglesia en su obra de
justicia social?

Hechos 4:32–37
Salmo 92
Juan 3:7–15

Tanto amó Dios al mundo, que le entregó a su Hijo único, para que todo el que crea en él no perezca, sino que tenga la vida eterna. Porque Dios no envió a su Hijo para condenar al mundo, sino para que el mundo se salvara por él.
—JUAN 3:16–17

Nada puede separarnos del amor incondicional y puro de nuestro Padre. El pecado y la muerte ya no tienen poder sobre nosotros, pues la Resurrección de Cristo los ha vencido de una vez y para siempre. Fue por amor y por nuestra Salvación que Dios envió a su Hijo, para que vivamos libres en ese amor hoy y por toda la eternidad.

¿Cómo experimentas el amor de Dios en tu vida? ¿Qué personas de tu entorno son transmisoras de amor? ¿Reflejas en tu vida el amor que recibes de Dios?

Hechos 5:17–26
Salmo 33
Juan 3:16–21

Todos estaban asombrados y se preguntaban: "¿De dónde ha sacado éste esa sabiduría y esos poderes milagrosos? ¿Acaso no es éste el hijo del carpintero?"
—MATEO 13:54–55

La sabiduría no es algo que se aprende en escuelas y universidades. Es un don que nos concede Dios y que cultivamos a lo largo de la vida. No importan nuestros orígenes, ni nuestra condición social, ni la educación recibida, ni el trabajo que realicemos. . . Dios nos imparte a todos su sabiduría, la que nos permite reconocer la voluntad divina y hace que la deseemos y la vivamos con caridad.

Hechos 5:27–33
Salmo 33
Mateo 13:54–58

Enseguida tomó Jesús los panes, y después de dar gracias a Dios, se los fue
repartiendo a los que se habían sentado a comer.
—JUAN 6:11

Jesús,
te alabamos y damos gracias
por ser nuestro sustento diario,
el Pan de Vida.
Te pedimos que,
congregados en torno a la mesa del altar,
nos entreguemos a ti
y seamos transformados al recibir
tu Cuerpo y Sangre
en la Eucaristía.
Amén.

Hechos 5:34–42
Salmo 26
Juan 6:1–15

[Jesús dijo:] "Yo les aseguro: el que crea en mí, hará las obras que hago yo y las hará aún mayores, porque yo me voy al Padre; y cualquier cosa que pidan en mi nombre, yo la haré para que el Padre sea glorificado en el Hijo. Yo haré cualquier cosa que me pidan en mi nombre".
—JUAN 14:13–14

El Señor está siempre de nuestro lado. Ayudados y guiados por el Espíritu Santo, nosotros —los que hemos sido bautizados en Cristo y creemos en él— podemos y estamos llamados a obrar en su nombre. Nuestra vida entera tiene que ser una vivencia del Evangelio, una participación en la misión de Cristo, una proclamación viva del amor del Padre hacia su Hijo y hacia todos nosotros.

¿En qué momentos actúas en nombre de Jesús? ¿Son tus obras una expresión y un reflejo de tu fe? ¿Qué haces para glorificar a Dios en tu día a día, en tu hogar, en tu puesto de trabajo, con tus amigos?

1 Corintios 15:1–8
Salmo 18
Juan 14:6–14

"¡Con razón nuestro corazón ardía, mientras nos hablaba por el camino y nos explicaba las Escrituras!"
—LUCAS 24:32

Piensa en las personas que a lo largo de tu vida han compartido contigo su fe, su amor por Cristo, la Buena Nueva, su vivencia del Evangelio. . . ¿Quién te enseñó tus primeras oraciones? ¿Quién te enseñó a perdonar? ¿Quién te ama incondicionalmente? ¿Quién ha sido para ti un ejemplo de justicia? ¿Quién te ha ayudado a tomar decisiones correctas? ¿Quién ha fortalecido tu fe?

Dale gracias a Dios por todas aquellas personas que han sido en tu vida proclamadores vivos del Evangelio de Cristo. Pide por ellos en oración y ruega al Señor que, al igual que en ellos, tu corazón arda en ti de amor por Dios.

Hechos 2:14,22–33
Salmo 15
1 Pedro 1:17–21
Lucas 24:13–35

Ellos dijeron: "¿Qué necesitamos para llevar a cabo las obras de Dios?"
Respondió Jesús: "La obra de Dios consiste en que crean en aquel a quien
él ha enviado".
—JUAN 6:28–29

La base, el fundamento, de nuestro comportamiento y nuestra vida como cristianos es la fe en Cristo resucitado. Es nuestra fe la que nos guía e indica qué debemos hacer, cómo nos debemos comportar, qué debemos decir, como nos tenemos que relacionar con los demás y con Dios. . .

Dios, a través de la Revelación, nos invita a amarlo a él y a toda su creación. Nuestra respuesta a esa invitación es la fe. Y si la invitación es a amar, entonces nuestra respuesta será de amor. Eso es lo que necesitamos para llevar a cabo las obras de Dios: fe y amor.

Hechos 6:8–15
Salmo 118
Juan 6:22–29

Jesús les contestó: "Yo soy el pan de la vida. El que viene a mí no tendrá hambre, y el que cree en mí nunca tendrá sed".
—JUAN 6:35

Pan y agua. Elementos imprescindibles para la vida humana. Sin alimento y sin agua morimos. ¿De qué tienes hambre en tu vida? ¿De qué tienes sed? Si saciaras esa hambre y esa sed, ¿te sentirías verdaderamente feliz? ¿Vivo de verdad?

Pide a Cristo que te ayude a buscarlo y desearlo únicamente a él, pues solo él nos puede dar la felicidad. Él te guiará, te ayudará, te defenderá, te sostendrá. . . de manera que vivas la vida que Dios, quien te creó y te ama, desea para ti.

Hechos 7:51—8:1
Salmo 30
Juan 6:30–35

7 DE MAYO

Que aclame al Señor toda la tierra. / Celebremos su gloria y su poder, / cantemos un himno de alabanza, / digamos al Señor: "Tu obra es admirable".
—SALMO 65

Dedica unos minutos del día a reflexionar acerca de todo aquello por lo que le puedes dar gracias a Dios.

Eleva una oración de gratitud a Dios.

Hechos 8:1–8
Salmo 65
Juan 6:35–40

Jueves

8 DE MAYO

Está escrito en los profetas: Todos serán discípulos de Dios.
—JUAN 6:45

Con el Bautismo que recibimos, expresamos públicamente nuestra fe en Cristo y nos comprometemos a vivir como seguidores suyos; es un compromiso que celebramos y confirmamos al celebrar los demás sacramentos. Ser "seguidor" de Jesús significa, literalmente, ser "discípulo" suyo. Y como tal, no solo nos sentamos a sus pies a escuchar sus enseñanzas, sino que las compartimos y vivimos con el mundo entero.

¿Qué significa en tu vida ser discípulo de Jesús?

Hechos 8:26–40
Salmo 65
Juan 6:44–51

Jesús les dijo: "[. . .] El que come mi carne y bebe mi sangre tiene vida eterna y yo lo resucitaré el último día.

Mi carne es verdadera comida y mi sangre es verdadera bebida. El que come mi carne y bebe mi sangre, permanece en mí y yo en él".

—JUAN 6:54–56

¿Participas asiduamente en la celebración de la Eucaristía? ¿Cómo te preparas para participar plena, consciente y activamente en la Eucaristía? ¿Cómo te transforma? ¿Recibes el Cuerpo y la Sangre de Cristo en comunión?

Hechos 9:1–20
Salmo 116
Juan 6:52–59

¿Cómo le pagaré al Señor / todo el bien que me ha hecho?
—SALMO 115

Dios mío,
tu eres la fuente de todo bien
y dador de todos los dones.
Te pido que reconozca siempre
tu generosidad y bondad,
y que te exprese mi gratitud
en oración
y haciendo uso sabio de los dones
que he recibido de ti.
Que mi vida sea
un canto de acción de gracias
y alabanza a ti.
Amén.

Hechos 9:31–42
Salmo 115
Juan 6:60–69

"Las ovejas reconocen su voz; él llama a cada una por su nombre y las conduce afuera. Y cuando ha sacado a todas sus ovejas, camina delante de ellas, y ellas lo siguen, porque conocen su voz".
—JUAN 10:3–4

Cristo sale a nuestro encuentro y nos habla a través de la oración personal y litúrgica, a través de la Iglesia y sus enseñanzas, a través de las Sagradas Escrituras, a través de las personas que nos aman y de las personas necesitadas. . .

¿En qué situaciones de tu vida diaria escuchas la voz de Cristo, que te llama por tu nombre? ¿A qué te invita Cristo? ¿A qué te reta Cristo? ¿Cómo respondes a Cristo?

Hechos 2:14, 36–41
Salmo 22
1 Pedro 2:20–25
Juan 10:1–10

12 DE MAYO

• SANTOS NEREO Y AQUILEO, MÁRTIRES • SAN PANCRACIO, MÁRTIR •

*Envíame, Señor, tu luz y tu verdad; / que ellas se conviertan en mi guía / y
hasta tu monte santo me conduzcan, / allí donde tú habitas.*

*Al altar del Señor me acercaré, / al Dios que es mi alegría, / y a mi Dios,
el Señor, le daré gracias / al compás de la cítara.*

—SALMO 42:3–4

La palabra *Eucaristía* significa "acción de gracias". Al reunirnos
en torno al altar del Señor para celebrar la Eucaristía, damos
gracias a Dios por la Salvación que Cristo, con su muerte y
Resurrección, ganó para nosotros.

Al participar en el banquete y el sacrificio de la misa, no
olvidemos hacerlo con un corazón lleno de gratitud por lo
que Dios ha hecho por la humanidad y por lo que continúa
haciendo en cada uno de nosotros.

Hechos 11:1–18
Salmo 41 y 42
Juan 10:11–18

[Jesús dijo:] "Las obras que hago en nombre de mi Padre dan testimonio de mí".
—JUAN 10:25

Cristo dio testimonio del amor de su Padre, quien es el Amor. Nosotros, como discípulos de Cristo, estamos llamados a dar testimonio del amor de Cristo, de forma que los demás reconozcan en nuestras obras a Cristo y a aquel que lo envió. Como dijo santa Teresa de Calcuta: "Cada obra de amor, llevada a cabo con todo el corazón, siempre logrará acercar a la gente a Dios".

Hechos 11:19–26
Salmo 86
Juan 10:22–30

Miércoles
14 DE MAYO
• SAN MATÍAS, APÓSTOL •

[Jesús dijo:] "No son ustedes los que me han elegido, soy yo quien los ha elegido y los ha destinado para que vayan y den fruto y su fruto permanezca, de modo que el Padre les conceda cuanto le pidan en mi nombre. Esto es lo que les mando: que se amen los unos a los otros".
—JUAN 15:16–17

El amor: base de la relación de Dios con nosotros, fundamento de sus promesas y su Alianza, razón de ser de la encarnación de su Palabra y motivo de la Resurrección de Cristo. Si Dios, que es el Amor, nos ama incondicionalmente, ¿cómo podemos corresponderle si no es amándolo a él y a toda su creación?

Dios mío,
Amor absoluto,
ayúdame a amar a los demás
como me amas tú.
Amén.

Hechos 1:15–17,20–26
Salmo 112
Juan 15:9–17

Jueves

15 DE MAYO

• SAN ISIDRO LABRADOR •

Proclamaré sin cesar la misericordia del Señor / y daré a conocer que su fidelidad es eterna, / pues el Señor ha dicho: "Mi amor es para siempre / y mi lealtad, más firme que los cielos".
—SALMO 88

La misericordia de Dios es ilimitada, pues brota de su amor ilimitado. Gracias a su misericordia y amor, podemos presentarnos ante el Señor con todas nuestras debilidades, fallos y pecados. Sabemos que para él no hay pecado que hayamos cometido que no pueda ser perdonado y borrado permanentemente, tal es su amor. Esto es, en verdad, motivo para que todos y cada uno de nuestros días proclamemos sin cesar y con gratitud su misericordia.

Hechos 13:13–25
Salmo 88
Juan 13:16–20

Nosotros les damos la buena nueva de que la promesa hecha a nuestros padres nos la ha cumplido Dios a nosotros, los hijos, resucitando a Jesús, como está escrito en el salmo segundo.
—HECHOS 13:32–33

"Hijo mío eres tú, yo te he engendrado hoy.
Te daré en herencia las naciones
y como propiedad, toda la tierra".

Al Rey del Universo alabemos y demos gracias. En él han llegado a su plenitud las promesas divinas; con él irrumpió en el mundo el Reino de Dios; con su muerte y Resurrección ha llegado la Salvación.

Hechos 13:26–33
Salmo 2
Juan 14:1–6

17 DE MAYO

Cantemos al Señor un canto nuevo / pues ha hecho maravillas. [. . .]
Que todos los pueblos y naciones / aclamen con júbilo al Señor.
—SALMO 97

Oremos las primeras líneas del *Te Deum,* canto de alabanza y gratitud:

A ti, oh Dios, te alabamos,
a ti, Señor, te reconocemos.
A ti, eterno Padre,
te venera toda la creación.
Los ángeles todos,
los cielos y todas las potestades te honran.
Los querubines y serafines
te cantan sin cesar:
Santo, Santo, Santo es el Señor,
Dios del universo.

Hechos 13:44–52
Salmo 97
Juan 14:7–14

Ustedes [. . .] son estirpe elegida, sacerdocio real, nación consagrada a Dios y pueblo de su propiedad, para que proclamen las obras maravillosas de aquel que los llamó de las tinieblas a su luz admirable.
—1 PEDRO 2:9

Al ser bautizados, fuimos consagrados como miembros de la Iglesia, el Pueblo de Dios, y seguidores de Jesucristo. Es él, como dice el *Catecismo de la Iglesia Católica,* "a quien el Padre ha ungido con el Espíritu Santo y lo ha constituido 'Sacerdote, Profeta y Rey,'. Todo el Pueblo de Dios participa de estas tres funciones de Cristo y tiene las responsabilidades de misión y de servicio que se derivan de ellas" (783).

¿Cómo ejercemos estas tres funciones? En otras palabras, ¿cómo podemos guiar a los demás en oración? ¿Cómo podemos ser voceros de Dios? ¿Cómo podemos ser siervos de Dios?

Hechos 6:1–7
Salmo 32
1 Pedro 2:4–9
Juan 14:1–12

[Les respondió Jesús:] "[E]l Consolador, el Espíritu Santo que mi Padre les enviará en mi nombre, les enseñará todas las cosas y les recordará todo cuanto yo les he dicho".
—JUAN 14:26

Cristo resucitado sabía que tenía que regresar a su Padre celestial. Sin embargo, esto no significaba que tendría que abandonar a sus discípulos y dejarlos como ovejas sin pastor. Dios, anunció Jesús, iba a enviar al Espíritu Santo para guiarlos y protegerlos. Y así sucedió.

Nosotros también hemos recibido al Espíritu Santo. Lo recibimos en nuestro Bautismo y fuimos sellados por él en nuestra Confirmación. De él hemos recibido los dones de la sabiduría, la inteligencia, el consejo, la fortaleza, la ciencia, la piedad y el temor de Dios.

¿Cómo se hace presente el Espíritu en tu vida? ¿Recurres a él en oración, buscando su protección, guía y consuelo?

Hechos 14:5–18
Salmo 113B
Juan 14:21–26

Martes

20 DE MAYO

• SAN BERNARDINO DE SIENA, PRESBÍTERO •

Jesús dijo a sus discípulos: "La paz les dejo, mi paz les doy".
—JUAN 14:27

"Si quieres la paz, lucha por la justicia", dijo el Papa Pablo VI.

Hechos 14:19–28
Salmo 144
Juan 14:27–31

Yo soy la vid, ustedes los sarmientos; el que permanece en mí y yo en él, ése
da fruto abundante, porque sin mí nada pueden hacer.
—JUAN 15:5

Los sarmientos —ramas de la vid de las que brotan las uvas—
no pueden dar su fruto si no están unidas al tronco. De
igual manera, nosotros no podemos dar el verdadero amor, el
verdadero perdón, la verdadera paz, la verdadera justicia. . .
si no estamos unidos a Cristo, de quien brotan todos estos
bienes y dones.

¿Cómo te mantienes unido a Cristo? ¿Lo haces a través de la
oración personal? ¿De la oración litúrgica? ¿De la lectura y la
oración de las Sagradas Escrituras? ¿De tu compromiso con la
justicia y la paz? ¿De tu participación en la parroquia? ¿De tu
vivencia de los mandamientos y las enseñanzas de Cristo?

Hechos 15:1–6
Salmo 121
Juan 15:1–8

Jueves

22 DE MAYO

• SANTA RITA DE CASIA, RELIGIOSA •

*Jesús dijo a sus discípulos: "Como el Padre me ama, así los amo yo.
Permanezcan en mi amor. Si cumplen mis mandamientos, permanecen en
mi amor; lo mismo que yo cumplo los mandamientos de mi Padre y
permanezco en su amor. Les he dicho esto para que mi alegría esté en
ustedes y su alegría sea plena".*
—JUAN 15:9–11

El cumplimiento y la vivencia de los mandamientos divinos
nos llevan a la alegría y el gozo, no al temor y la tristeza.
Quien cumple los mandamientos rebosa de alegría porque, al
cumplirlos, vive plenamente, tal y como Dios lo desea. Una
vida moral y correcta es una vida que respeta la dignidad
propia y la de los demás, que reconoce y obra según la justicia
y que reconoce a nuestro Creador y Dios, de quien brota
el amor que llena nuestro corazón. Esto es, verdaderamente,
motivo y fuente de alegría.

Hechos 15:7–21
Salmo 95
Juan 15:9–11

23 DE MAYO

Jesús dijo a sus discípulos: "[. . .] Ustedes son mis amigos, si hacen lo que yo les mando. Ya no los llamo siervos, porque el siervo no sabe lo que hace su amo; a ustedes los llamo amigos, porque les he dado a conocer todo lo que le he oído a mi Padre".
—JUAN 15:14–15

San Ignacio de Loyola decía que la oración es como una conversación entre amigos. ¡Y qué razón tenía! Jesús nos dice hoy que somos sus amigos, pues lo comparte todo con nosotros.

¿Consideras a Jesús un verdadero amigo? ¿Le cuentas con humildad, honestidad y apertura todo lo que guardas en tu corazón? ¿Le compartes en oración tus gozos y alegrías, tus tristezas y tus penas? ¿Escuchas a Jesús cuando te habla en oración?

Hechos 15:22–31
Salmo 56
Juan 15:12–17

Jesús dijo a sus discípulos: "Si el mundo los odia, sepan que me ha odiado a mí antes que a ustedes. Si fueran del mundo, el mundo los amaría como cosa suya; pero el mundo los odia porque no son del mundo, pues al elegirlos, yo los he separado del mundo".
—JUAN 15:18–19

El mundo es bello. El mundo es bueno. El mundo es parte de la creación de Dios. Pero con la irrupción del pecado, el orden y bondad del mundo han sido afectados. Es por ello que vemos obras justas pero también obras injustas, momentos de generosidad y momentos de egoísmo, situaciones de paz y situaciones de violencia. . . El cristiano proclama las maravillas de Dios y denuncia el pecado. Es nuestra lucha en contra del pecado la que hará que algunos nos ignoren, nos rechacen, nos critiquen y hasta nos persigan. Este es el precio a pagar por proclamar la verdad, el perdón y el amor; es lo que significa ser discípulos de Cristo resucitado.

Hechos 16:1–10
Salmo 99
Juan 15:18–21

Domingo

25 DE MAYO

• VI DOMINGO DE PASCUA •

[Jesús dijo a sus discípulos:] "No los dejaré desamparados sino que volveré a ustedes. Dentro de poco, el mundo no me verá más, pero ustedes sí me verán, porque yo permanezco vivo y ustedes también vivirán".
—JUAN 14:18–19

¡Cristo ha resucitado de entre los muertos!

Ese es el gran anuncio de la Pascua y la gran verdad de nuestra fe. Y así como él resucitó, así nosotros también resucitaremos al fin de los tiempos y viviremos eternamente. Esa es nuestra esperanza, una esperanza basada en una promesa divina que sabemos Dios cumplirá porque siempre ha cumplido fielmente su palabra.

Hasta que llegue ese día, cuando Cristo regrese y nosotros seamos resucitados, nuestra misión es vivir el mensaje pascual, siendo personas que luchen contra el sufrimiento y la muerte que surgen del pecado y que vivan y proclamen el gozo y la vida que brotan de la gracia de Dios.

Hechos 8:5–8,14–17
Salmo 65
1 Pedro 3:15–18
Juan 14:15–21

⋝ 177 ⋜

Entonen al Señor un canto nuevo, / en la reunión litúrgica proclámenlo. / En su creador y rey, en el Señor, / alégrese Israel, su pueblo santo.

En honor de su nombre, que haya danzas, / alábenlo con arpa y tamboriles. / El señor es amigo de su pueblo / y otorga la victoria a los humildes.

—SALMO 149:1–4

La alegría y el gozo son características esenciales de los cristianos y seguidores de Cristo. Esto no quiere decir que la vida esté exenta de tristezas y angustias, dificultades y momentos oscuros, dolor y sufrimiento. La vida nos depara sinsabores a todos. No obstante, nuestra fe nos dice que hay algo más, que nada de eso es el final o la única realidad. La fe en Cristo nos da la esperanza de que llegará el día en que la tristeza, la oscuridad, el dolor y el sufrimiento desaparecerán para siempre, pues Cristo los derrotó con su cruz y Resurrección. Esto es motivo de alegría y de gozo. Vivamos, pues, alegre y gozosamente.

Hechos 16:11–15
Salmo 149
Juan 15:26—16:4

Martes

27 DE MAYO

• SAN AGUSTÍN DE CANTERBURY, OBISPO •

De todo corazón te damos gracias, / Señor, porque escuchaste nuestros ruegos. / Te cantaremos delante de tus ángeles, / te adoraremos en tu templo.

Señor, te damos gracias / por tu lealtad y por tu amor.

—SALMO 137

Dedica un tiempo a la reflexión. ¿Qué ha hecho Dios por ti? ¿Cómo te ha demostrado su lealtad y su amor? ¿En qué momentos de estos últimos días has sentido su presencia?

En oración, da gracias a Dios por todo ello.

Hechos 16:22–34
Salmo 137
Juan 16:5–11

*Jesús dijo a sus discípulos: "[. . .] cuando venga el Espíritu de verdad, él
los irá guiando hasta la verdad plena".*
—JUAN 16:13

Espíritu Santo,
protégenos en nuestra jornada,
consuélanos en nuestra tristeza,
derrama tus dones sobre nosotros
y guíanos en nuestro caminar
para un día disfrutar
de la verdad,
amor
y vida plena.
Amén.

Hechos 17:15–16,22—18:1
Salmo 148
Juan 16:12–15

*Jesús dijo a sus discípulos: "Dentro de poco tiempo ya no me verán; y
dentro de otro poco me volverán a ver".*
—JUAN 16:16

Así anunciaba Jesús su ascensión al cielo y su segunda venida.
Sabemos que Cristo ha vuelto a la derecha del Padre, pero no
sabemos ni el día ni la hora en que regresará en gloria para
juzgar a vivos y muertos. Por lo tanto, estemos preparados y
vivamos a plenitud cada día según la voluntad de Dios.

Hechos 18:1–8
Salmo 97
Juan 16:16–20

30 DE MAYO

Entre voces de júbilo y trompetas, / Dios, el Señor, asciende hasta su trono. / Cantemos en honor de nuestro Dios, / al rey honremos y cantemos todos.
—SALMO 46

Este domingo que viene celebraremos el misterio de la Ascensión del Señor, cuando el Hijo volvió al Padre, para sentarse a su derecha hasta el fin de los tiempos. Así culmina el gran Misterio Pascual —la vida, Pasión, muerte, Resurrección y Ascensión de Jesucristo—, mediante el cual Dios nos ha ofrecido la Salvación.

Con júbilo, y como si lo hicieras con trompetas, ofrece a Dios una oración de alabanza y gratitud por lo que ha hecho por nosotros en Cristo, con Cristo y por Cristo.

Hechos 18:9–18
Salmo 46
Juan 16:20–23

Sábado
31 DE MAYO
• VISITACIÓN DE LA SANTÍSIMA VIRGEN MARÍA •

Isabel quedó llena del Espíritu Santo, y levantando la voz, exclamó:
"¡Bendita tú entre las mujeres y bendito el fruto de tu vientre!"
—LUCAS 1:41–42

Oremos, llenos de alegría, estas líneas tomadas del
Magníficat, el canto de alabanza que María entonó a Dios:

Proclama mi alma la grandeza del Señor,
se alegra mi espíritu en Dios, mi salvador;
porque ha mirado la humillación de su esclava.
Él hace proezas con su brazo:
dispersa a los soberbios de corazón,
derriba del trono a los poderosos
y enaltece a los humildes,
a los hambrientos los colma de bienes
y a los ricos los despide vacíos.
Auxilia a Israel, su siervo, acordándose de la misericordia
—como lo había prometido a nuestros padres—
en favor de Abrahán y su descendencia por siempre.

Sofonías 3:14–18 o Romanos 12:9–16
Isaías 12
Lucas 1:39–56

Domingo

1 DE JUNIO

• ASCENSIÓN DEL SEÑOR •

Jesús se acercó a ellos y les dijo: "Me ha sido dado todo poder en el cielo y en la tierra. Vayan, pues, y enseñen a todas las naciones, bautizándolas en el nombre del Padre y del Hijo y del Espíritu santo, y enseñándolas a cumplir todo cuanto yo les he mandado; y sepan que yo estaré con ustedes todos los días, hasta el fin del mundo".
—MATEO 28:18–20

Estas son las últimas palabras de Jesús en el Evangelio según san Mateo. Con ellas, envía a todos sus discípulos, incluidos nosotros, a ser sus apóstoles. Quizá esta encomienda nos parezca muy difícil de acometer, como si se tratara de una misión imposible. Sin embargo, sabemos que no es una misión solitaria. Jesús está con nosotros siempre y nos ha enviado al Espíritu Santo para consolarnos, protegernos, ayudarnos y guiarnos.

¿Cómo llevas a cabo tu misión de proclamar a Cristo? ¿Eres consciente de cómo Cristo está contigo todos los días?

Hechos 1:1–11
Salmo 46
Efesios 1:17–23
Mateo 28:16–20

Los discípulos fueron bautizados en el nombre del Señor Jesús, y cuando Pablo les impuso las manos, descendió el Espíritu Santo y comenzaron a hablar lenguas desconocidas y a profetizar.
—HECHOS 19:5–6

Al igual que los cristianos de las primeras comunidades, nosotros hemos sido bautizados y recibido al Espíritu Santo. Y como ellos, somos enviados a hablar lenguas —en nuestro caso, las lenguas del amor, la justicia, la misericordia, el perdón, la igualdad y el respeto— que tan a menudo se desconocen en nuestro mundo. También somos enviados a ser profetas, o voceros de Dios, proclamando el Evangelio de Cristo con nuestras palabras y obras.

Hechos 19:1–8
Salmo 67
Juan 16:29–33

Jesús levantó los ojos al cielo y dijo: "Padre, ha llegado la hora. [. . .]
Ya no estaré más en el mundo, pues voy a ti; pero ellos se quedan en el
mundo".

—JUAN 17:1,11

Estas palabras las pronunció Jesús cuando se aproximaba su Pasión y muerte. Conocedor de lo que le esperaba, él nos encomendó a su Padre, para que no nos quedáramos huérfanos y pudiéramos proseguir su misión.

Nosotros estamos en el mundo, pero no estamos solos. El Espíritu Santo, que Cristo nos prometió, está con nosotros. El Espíritu nos guía, protege, ayuda y consuela. El Espíritu nos da sus dones. El Espíritu nos permite dar fruto y darlo en abundancia.

Hechos 20:17–27
Salmo 67
Juan 17:1–11

4 DE JUNIO

Jesús levantó los ojos al cielo y dijo:
"Santifícalos en la verdad. Tu palabra es la verdad. Así como tú me
enviaste al mundo, así los envío yo también al mundo".

—JUAN 17:1,17–18

Hemos sido enviados por Cristo a transformar el mundo, a hacer que el Reino de Dios llegue a su plenitud. Para poder llevar a cabo nuestra misión, la misión que Cristo nos ha encomendado, debemos guiarnos por la Verdad —con mayúsculas— que es Dios mismo. Él es la Verdad. Si vivimos según la Verdad, entonces estamos siendo fieles a nosotros mismos, tal y como Dios nos creó; si proclamamos la Verdad, entonces estamos proclamando su Palabra, y en particular, a su Palabra hecha carne, a Cristo resucitado; si compartimos la Verdad, entonces estamos compartiendo el amor y el perdón de Dios; si obramos según la Verdad, entonces estamos obrando según la voluntad de Dios. Oremos para que la Verdad nos guíe siempre.

Hechos 20:28–38
Salmo 67
Juan 17:11–19

*Enséñame el camino de la vida, / sáciame de gozo en tu presencia / y de
alegría perpetua junto a ti.*
—SALMO 15

Somos seres humanos, y como tales somos susceptibles a la
tentación y al pecado. El Reino de Dios, que Cristo inauguró,
aún no ha llegado a su plenitud. El pecado todavía nos aflige
y nos distrae por el camino; nos lleva por sendas que nos
alejan de Dios, de nuestros hermanos y hermanas e incluso de
nuestro verdadero ser. Por ello, las palabras del salmista son
también las nuestras. Estamos necesitados constantemente de
la guía de Dios, para así mantenernos en su camino y, en caso
de salirnos, poder regresar a él y un día disfrutar del gozo de
la presencia de Dios.

Espíritu Santo, guíanos siempre por el camino correcto.

Hechos 22:30; 23:6–11
Salmo 15
Juan 17:20–26

Viernes

6 DE JUNIO

• SAN NORBERTO, OBISPO •

[Jesús] le preguntó: "Simón, hijo de Juan, ¿me quieres?" Pedro se entristeció de que Jesús le hubiera preguntado por tercera vez si lo quería, y le contestó: "Señor, tú lo sabes todo; tú bien sabes que te quiero".
—JUAN 21:17

Jesús te hace esta pregunta todos los días. ¿Cómo le contestas? ¿Reflejan tus obras, tus palabras y tus acciones la fe en él? ¿Qué aspectos de tu vida son una respuesta afirmativa? ¿Qué aspectos de tu vida dan una respuesta que no es coherente con la fe que profesas?

En oración, habla con Jesús desde lo más profundo de tu corazón y contéstale a su pregunta: ¿me quieres?

Hechos 25:13–21
Salmo 102
Juan 21:15–19

7 DE ✴ JUNIO

Dos años enteros pasó Pablo en una casa alquilada; ahí recibía a todos los que acudían a él, predicaba el Reino de Dios y les explicaba la vida de Jesucristo, el Señor.
—HECHOS 28:30–31

Pablo se encontraba en Roma esperando ser juzgado por su fe. Se le había concedido el arresto domiciliario, situación a la que estuvo sometido por dos años. Pero esto no lo amilanó, no lo atemorizó, no hizo que su fe tambaleara y no lo llevó a renunciar a su llamado de predicar a Cristo.

¿Qué habrías hecho tú en su situación? ¿Hay ocasiones en las que te da miedo compartir tu fe? ¿En qué momentos te da vergüenza hacerlo? ¿En qué momentos piensas que proclamar a Cristo y vivir tu fe es demasiado difícil y no merece la pena?

MISA POR LA MAÑANA
Hechos 28:16–20,30–31
Salmo 10
Juan 21:20–25

8 DE JUNIO

• DOMINGO DE PENTECOSTÉS •

Hay diferentes dones, pero el Espíritu es el mismo. Hay diferentes servicios, pero el Señor es el mismo. Hay diferentes actividades, pero Dios, que hace todo en todos, es el mismo. En cada uno se manifiesta el Espíritu para el bien común.

—1 CORINTIOS 12:4–7

Ven, Espíritu Santo, llena
los corazones de tus fieles
y enciende en ellos
el fuego de tu amor.
Envía tu Espíritu
y todo será creado.
Y renovarás la faz de la tierra.

MISA VESPERTINA DE LA
VIGILIA
Génesis 11:1–9 o Éxodo 19:3–8,16–20
o Ezequiel 37:1–4 o Joel 3:1–5
Salmo 103
Romanos 8:22–27
Juan 7:37–39

MISA DEL DÍA
Hechos 2:1–11
Salmo 103
1 Corintios 12:3–7,12–13
Juan 20:19–23

En aquel tiempo, cuando Jesús vio a la muchedumbre, subió al monte y se sentó. Entonces se le acercaron los discípulos. Enseguida comenzó a enseñarles.
—MATEO 5:3–12

Bienaventurados los pobres de espíritu. . .

Bienaventurados los mansos. . .

Bienaventurados los que lloran. . .

Bienaventurados los que tienen hambre y sed de justicia. . .

Bienaventurados los misericordiosos. . .

Bienaventurados los limpios de corazón. . .

Bienaventurados los que trabajan por la paz. . .

Bienaventurados los perseguidos a causa de la justicia. . .

Alegraos y regocijaos porque vuestra recompensa será grande en el cielo.

1 Reyes 17:1–6
Salmo 120
Mateo 5:1–12

10 DE ✴ JUNIO

[Jesús dijo a sus discípulos:] "Ustedes son la luz del mundo. No se puede ocultar una ciudad construida en lo alto de un monte; y cuando se enciende una vela, no se esconde debajo de una olla, sino que se pone sobre un candelero para que alumbre a todos los de la casa".
—MATEO 5:14–15

Comparte con los demás tus dones y talentos; comparte con los demás tus sueños y esperanzas; comparte con los demás tu amor y perdón; comparte con los demás tu fe en Cristo, Luz del Mundo.

Que tu vida sea para tu familia, tus seres queridos, tus compañeros de trabajo y para la sociedad un reflejo de la luz de Cristo, de manera que esta brille sobre todos y los transforme.

1 Reyes 17:7–16
Salmo 4
Mateo 5:13–16

*Llegó Bernabé, y viendo la acción de la gracia de Dios, se alegró mucho;
y como era hombre bueno, lleno del Espíritu Santo y de fe, exhortó a todos
a que, firmes en su propósito, permanecieran fieles al Señor. Así se ganó
para el Señor una gran muchedumbre.*
—HECHOS 11:23—24

Lo que hizo que muchos se convirtieran al Señor no fue solo la predicación de Bernabé, sino el ejemplo que dio como hombre bueno, alegre y consciente de la presencia activa de la gracia de Dios en su vida.

¿Cómo predicas el Evangelio con tu forma de vivir? ¿Te dejas invadir por la alegría y el gozo que Cristo te ofrece? ¿Cómo reconoces que Dios obra en tu vida?

Hechos 11:21—26; 13:1—3
Salmo 97
Mateo 5:17—19

12 DE JUNIO

Señor, tú cuidas de la tierra; / la riegas y la colmas de riquezas. / Las nubes del Señor van por los campos, / rebosantes de agua, como acequias.

Tú preparas las tierras para el trigo: / riegas los surcos, aplanas los terrenos, / reblandeces el suelo con la lluvia, / bendices los renuevos.

—SALMO 64

Señor,
haz de mí un campo fértil,
donde tu Palabra eche raíces profundas
Rocía mi vida con tu gracia
para que crezca recto y justo.
Cuida de mí,
para que mi corazón rebose
con tu amor
y broten de él
renuevos y fruto en abundancia.
Amén.

1 Reyes 18:41–46
Salmo 64
Mateo 5:20–26

13 DE ✦ JUNIO

• SAN ANTONIO DE PADUA, PRESBÍTERO Y DOCTOR DE LA IGLESIA •

Oye, Señor, mi voz y mis clamores / y tenme compasión; / el corazón me dice que te busque / y buscándote estoy.
—SALMO 26

Escucha lo que te dice tu corazón. ¿Cuáles son tus deseos más profundos? ¿Cuáles son tus mayores esperanzas? ¿Cuáles son tus miedos? ¿Qué oraciones guardas en lo más hondo de ti?

Compártelo todo con Dios en el silencio de la oración. Él te escuchará.

1 Reyes 19:9,11–16
Salmo 26
Mateo 5:27–32

14 DE JUNIO

*Protégeme, Dios mío, pues eres mi refugio. / Yo siempre he dicho que tú eres
mi Señor. / El Señor es la parte que me ha tocado en herencia: / mi vida
está en sus manos.*
—SALMO 15

Reconocer a Dios como Señor nuestro significa reconocer
nuestra dependencia total en él; significa reconocer que no
necesitamos nada en la vida salvo a él. Y sin embargo, a
menudo buscamos la seguridad y el apoyo en objetos
materiales, en dinero, en posiciones sociales y en otras
muchas cosas que sabemos no nos dan la verdadera felicidad
en la vida.

¿En dónde, en qué o en quién buscas la felicidad? ¿En dónde,
en qué o en quién buscas apoyo y refugio ante las dificultades?
¿Estás dispuesto a ofrecer todo tu ser, tu vida, en manos
de Dios?

1 Reyes 19:19–21
Salmo 15
Mateo 5:33–37

La gracia de nuestro Señor Jesucristo, el amor del Padre y la comunión del
Espíritu Santo estén siempre con ustedes.
—2 CORINTIOS 13:13

Creo en un solo Dios,
Padre Todopoderoso,
Creador del cielo y de la tierra,
de todo lo visible y lo invisible.
Creo en un solo Señor, Jesucristo,
Hijo único de Dios.
Creo en el Espíritu Santo,
Señor y dador de vida,
que procede del Padre y del Hijo.

Éxodo 34:4–6,8–9
Daniel 3
2 Corintios 13:11–13
Juan 3:16–18

16 DE JUNIO

> [*Jesús dijo a sus discípulos:*] *"Al que te pide, dale; y al que quiere que le
> prestes, no le vuelvas la espalda".*
> —MATEO 5:42

Las injusticias y el sufrimiento de los demás son evidentes y palpables. Solo basta caminar por las calles de nuestras ciudades y pueblos, leer los periódicos, ver la televisión o internet para ser testigos de innumerables casos. Pero a menudo nos hacemos los ciegos, miramos a otro lado para no "ver" lo que nos disgusta o encontramos excusas para no intervenir. En otras palabras, damos la espalda a las personas que sufren, a los necesitados, a los marginados, a los ignorados. . .

¿Cómo respondes a las necesidades de los demás? ¿Cómo luchas a favor de la justicia y la paz? ¿Cómo pones en práctica la doctrina social de la Iglesia?

1 Reyes 21:1–16
Salmo 5
Mateo 5:38–42

Por tu inmensa compasión y misericordia, / Señor, apiádate de mí y olvida mis ofensas. / Lávame bien de todos mis delitos / y purifícame de mis pecados.
—SALMO 50

Aunque la Cuaresma, tiempo de conversión, pasó hace meses ya, eso no quiere decir que no estemos necesitados de la compasión y misericordia de Dios. El llamado a la conversión, a transformar nuestro corazón, no lo recibimos exclusivamente durante cuarenta días y cuarenta noches. El cristiano está llamado a una conversión continua, de manera que cada día nos acerquemos más a Dios, nuestro Padre y fuente de perdón y amor.

1 Reyes 21:17–29
Salmo 50
Mateo 5:43–48

[Jesús dijo a sus discípulos:] "Y tu Padre, que ve lo secreto, te recompensará".
—MATEO 6:18

No podemos ocultarle nada a Dios. Todo aquello que albergamos en el corazón, todo aquello que hacemos cuando nadie nos está observando, todo aquello que pensamos o tenemos en la mente, todos los motivos que nos llevan a hacer lo que hacemos. . . todo ello Dios lo sabe.

En oración, ofrece a Dios todo lo que guardas en lo más profundo de tu corazón, de tu ser. Pídele que borre y perdone todo lo que esté necesitado de ello, y que acreciente todo lo bueno y amoroso que hay en ti, para que des fruto en tu vida y compartas con los demás los dones que has recibido de Dios.

2 Reyes 2:1,6–14
Salmo 30
Mateo 6:1–6,16–18

[Jesús dijo a sus discípulos:] "Si ustedes perdonan las faltas a los hombres, también a ustedes les perdonará el Padre celestial. Pero si ustedes no perdonan a los hombres, tampoco el Padre les perdonará a ustedes sus faltas".
—MATEO 6:14–15

¿De qué necesitas ser perdonado? ¿A quién le tienes que pedir perdón?

¿Qué tienes que perdonar? ¿A quién debes perdonar?

Eclesiástico (Sirácide) 48:1–15
Salmo 96
Mateo 6:7–15

[Jesús dijo a sus discípulos:] "Donde está tu tesoro, ahí también está tu corazón".
—MATEO 6:21

Reflexiona sobre las cosas más importantes de tu vida, aquellas a las que dedicas más tiempo y recursos, a las que das más de ti mismo, a las que entregas la mayor parte de tu energía, a las que rigen tus días, por las que haces sacrificios. . .

¿Figura entre ellas Dios? ¿Tu vida de oración? ¿Tu entrega a los demás?

2 Reyes 11:1–4,9–18,20
Salmo 131
Mateo 6,19–23

Jesús dijo a sus discípulos: "Nadie puede servir a dos amos, porque odiará a uno y amará al otro, o bien obedecerá al primero y no hará caso al segundo".
—MATEO 6:24

El dinero, las posesiones materiales, el deseo de tener una posición privilegiada, la ambición personal. . . Si estas cosas se convierten en nuestra razón de ser y en nuestro único objetivo, si permitimos que alcanzarlas sea el motor de nuestra vida, entonces Dios quedará relegado a un segundo o tercer plano, si es que queda un espacio para él en nuestra vida. Aunque todos sabemos que nada de esto nos dará la verdadera felicidad, a veces nos dejamos llevar por tales espejismos. La conversión continua es la invitación de Dios a tenerlo siempre a él presente en nuestra vida como prioridad, como amo y Señor nuestro.

2 Crónicas 24:17–25
Salmo 88
Mateo 6:24–34

"Yo soy el pan vivo que ha bajado del cielo; el que coma de este pan vivirá para siempre. Y el pan que yo les voy a dar es mi carne para que el mundo tenga vida".
—JUAN 6:51–52

Alma de Cristo, santifícame.
Cuerpo de Cristo, sálvame.
Sangre de Cristo, embriágame.
Agua del costado de Cristo, lávame.
Pasión de Cristo, confórtame.
¡Oh, buen Jesús!, óyeme.
Dentro de tus llagas, escóndeme.
No permitas que me aparte de Ti.
Del maligno enemigo, defiéndeme.
En la hora de mi muerte, llámame.
Y mándame ir a Ti.
Para que con tus santos te alabe.
Por los siglos de los siglos. Amén

Deuteronomio 8:2–3,14–16
Salmo 147
1 Corintios 10:16–17
Juan 6:51–58

[Jesús dijo a sus discípulos:] "Sácate primero la viga que tienes en el ojo, y luego podrás ver bien para sacarle a tu hermano la paja que lleva en el suyo".
—MATEO 7:5

A menudo los defectos y errores que vemos en los demás son los mismos que tenemos nosotros pero que ignoramos o no queremos ver.

¿Cuáles son las vigas que te ciegan, que no te dejan ver con claridad? ¿Qué puedes hacer para sacártelas, para transformar tu vida?

2 Reyes 17:5–8,13–15,18
Salmo 59
Mateo 7:1–5

Dios hizo nacer para Israel un Salvador: Jesús. Juan preparó su venida,
predicando a todo el pueblo de Israel un bautismo de penitencia.
—HECHOS 13:23–24

Juan, el último gran profeta, anunció la venida de Cristo y llamó a los hombres a que se prepararan para recibirlo transformando su vida y su corazón. Nosotros ahora, a la espera de la segunda venida de Cristo, estamos llamados a ser profetas —voceros de Dios—, a anunciar la Buena Nueva con nuestras palabras y obras y a dar ejemplo a los demás transformando nuestra propia vida.

MISA VESPERTINA DE LA
VIGILIA
Jeremías 1:4–10
Salmo 70
1 Pedro 1:8–12
Lucas 1:5–17

MISA DEL DÍA
Isaías 49:1–6
Salmo 138
Hechos 13:22–26
Lucas 1:57–66,80

*Muéstrame, Señor, el camino de tus leyes / y yo lo seguiré con cuidado. /
Enséñame a cumplir tu voluntad / y a guardarla de todo corazón.*

*Guíame por la senda de tu ley, / que es lo que quiero. / Inclina mi corazón
a tus preceptos.*

—SALMO 118

Dios mío,
tú me indicas los caminos a seguir.
Te pido que siempre te sea fiel
y guarde tus mandamientos.
Haz que mi corazón busque
solo amarte,
y amándote,
cumpla siempre tu voluntad.
Amén.

2 Reyes 22:8–13; 23:1–3
Salmo 118
Mateo 7:15–20

26 DE ✴ JUNIO

[Jesús dijo a sus discípulos:] "El que escucha estas palabras mías y las pone en práctica, se parece a un hombre prudente, que edificó su casa sobre roca. Vino la lluvia, bajaron las crecientes, se desataron los vientos y dieron contra aquella casa; pero no se cayó, porque estaba construida sobre roca".
—MATEO 7:24–25

Nuestra vida está construida sobre cimientos a los que han contribuido innumerables personas, experiencias y enseñanzas recibidas.

¿Quiénes han contribuido a edificar tu persona? ¿Cuáles han sido algunas de las experiencias clave de tu vida? ¿Qué papel ha jugado la fe en ser la persona que eres hoy en día?

2 Reyes 24:8–17
Salmo 78
Mateo 7:21–29

Viernes

27 DE JUNIO

• SAGRADO CORAZÓN DE JESÚS •

[Jesús exclamó:] "Vengan a mi todos los que están fatigados y agobiados
por la carga, y yo les daré alivio".
—MATEO 11:28

Jesús nos invita a entregarle a él todo aquello que nos pese, todo aquello que no nos deja vivir la vida que Dios quiere que vivamos. En oración y con plena confianza, pongamos en manos de Cristo todos nuestros temores, angustias y dificultades. Compartamos ese alivio y esa paz con los demás, ofreciéndonos nosotros mismos a compartir las cargas pesadas de los demás.

Deuteronomio 7:6–11
Salmo 102
1 Juan 4:7–16
Mateo 11:25–30

Su madre conservaba en su corazón todas aquellas cosas.
—LUCAS 2:51

Dios te salve,
Reina y Madre de misericordia,
vida, dulzura y esperanza nuestra;
Dios te salve.
A ti llamamos los desterrados hijos de Eva;
a ti suspiramos, gimiendo y llorando
en este valle de lágrimas.
Ea, pues, Señora, abogada nuestra,
vuelve a nosotros esos tus ojos misericordiosos;
y después de este destierro,
muéstranos a Jesús, fruto bendito de tu vientre.
¡Oh, clementísima, oh piadosa,
oh dulce Virgen María!

Lamentaciones 2:2,10–14,18–19
Salmo 73
Lucas 2:41–51

Luego [Jesús] les preguntó: "Y ustedes, ¿quién dicen que soy yo?" Simón
Pedro tomó la palabra y le dijo: "Tú eres el Mesías, el Hijo de Dios vivo".
—MATEO 16:15–16

Guarda silencio. Respira profundamente tres veces. Imagina
que estás allí, junto a los discípulos, escuchando y hablando
con Jesús. De repente Jesús te mira fijamente a los ojos y te
pregunta: "Y tú, ¿quién dices tú que soy yo?".

En oración, habla con Jesús y responde a su pregunta.

MISA VESPERTINA DE LA
VIGILIA
Hechos 3:1–10
Salmo 18
Gálatas 1:11–20
Juan 21:15–19

MISA DEL DÍA
Hechos 12:1–11
Salmo 33
Timoteo 4:6–8,17–18
Mateo 16:13–19

Lunes

30 DE JUNIO

*¿Por qué citas mis preceptos / y hablas a toda hora de mi pacto, / tú, que
detestas la obediencia / y echas en saco roto mis mandatos?*
—SALMO 49

La fe no solo es algo que se expresa con palabras y fórmulas
doctrinales; es algo que se vive. Tenemos que ser
consecuentes con nuestras palabras. Si decimos ser discípulos
de Cristo, entonces debemos actuar como tales, llevando una
vida moral correcta, participando en la vida sacramental de la
Iglesia y viviendo una vida de oración activa.

¿Refleja tu vida la fe que profesas?

Amós 2:6–10,13–16
Salmo 49
Mateo 8:18–22

[Jesús] les respondió: "¿Por qué tienen miedo, hombres de poca fe?"
—MATEO 8:26

Señor, tengo fe en ti y así lo profeso en este Acto de Fe:
Señor Dios, creo firmemente
y confieso todas y cada una de las verdades
que la santa Iglesia católica propone,
porque tú las revelaste,
oh Dios, que eres la eterna Verdad y Sabiduría, que ni se
    engaña
ni nos puede engañar.
Quiero vivir y morir en esta fe.
Amén.

Amós 3:1–8; 4:11–12
Salmo 5
Mateo 8:23–27

2 DE JULIO

Esto dice el Señor:
"Busquen el bien, no el mal, y vivirán,
y así estará con ustedes, como ustedes mismos dicen,
el Señor, Dios de los ejércitos".
—AMÓS 5:14

El pecado de Adán y Eva introdujo en el mundo el sufrimiento, el dolor y la muerte. Cristo resucitado nos ha traído el perdón, la gracia y la vida. Elijamos, pues, a Cristo y rechacemos el pecado; busquemos la vida y refutemos la muerte.

Amós 5:14–15,21–24
Salmo 49
Mateo 8:28–34

Hermanos: Ya no son ustedes extranjeros ni advenedizos; son conciudadanos de los santos y pertenecen a la familia de Dios, porque han sido edificados sobre el cimiento de los apóstoles y de los profetas, siendo Cristo Jesús la piedra angular.
—EFESIOS 2:19–20

Los dos pilares de nuestra fe en Jesucristo: la Tradición de la Iglesia —las enseñanzas de los apóstoles transmitidas y salvaguardadas por la Iglesia— y las Sagradas Escrituras —la Palabra inspirada de Dios, proclamada por boca de los profetas y los demás autores bíblicos—. Estos son los cimientos de nuestra fe católica.

Nuestro Bautismo, con el que proclamamos y celebramos esta fe y nos comprometemos a vivirla, nos ha hecho a todos hermanos y hermanas de Cristo, miembros de la familia de Dios y, por tanto, receptores de su santidad.

¿Cómo puedo vivir mi santidad en mi vida cotidiana?

Efesios 2:19–22
Salmo 116
Juan 20:24–29

Días vendrán, dice el Señor,
en que les haré sentir hambre,
pero no hambre de pan ni sed de agua,
sino de oír la palabra del Señor.
—AMÓS 8:11–12

Las Sagradas Escrituras son la Palabra inspirada de Dios. En ellas Dios se revela a nosotros y nos dirige sus palabras cada vez que las leemos y las estudiamos, o cada vez que oramos y meditamos en torno a ellas. A través de las Escrituras se nos da a conocer el plan de la Salvación de Dios, que culmina en Cristo, la Palabra misma hecha carne y la plenitud de la Revelación divina.

Cuanto más conozcamos e interioricemos las Sagradas Escrituras, más conoceremos a Cristo; cuanto más conozcamos a Cristo, más valoraremos las Escrituras.

Amós 8:4–6,9–12
Salmo 118
Mateo 9:9–13

Sábado
5 DE JULIO
• SAN ANTONIO MARÍA ZACARÍA, PRESBÍTERO •

_Escucharé las palabras del Señor, / palabras de paz para su pueblo santo /
y para los que se convierten de corazón._

_La misericordia y la verdad se encontraron, / la justicia y la paz se
besaron, / la fidelidad brotó en la tierra / y la justicia vino del cielo._

—SALMO 84:9–10

El corazón del hombre no puede permanecer impasible ante
las palabras de Dios. Quien escucha verdaderamente a Dios
no puede sino transformar su corazón, rechazar el pecado y
entregarse completamente a él.

Un corazón nuevo es aquel que es misericordioso, que
proclama la verdad, que lucha por la justicia y la paz y que es
fiel a Dios.

Dios te invita a la conversión. ¿Cómo vas a responderle?

Amós 9:11–15
Salmo 84
Mateo 9:14–17

Domingo

6 DE JULIO

• XIV DOMINGO ORDINARIO •

Hermanos: Ustedes no viven conforme al desorden egoísta del hombre, sino conforme al Espíritu, puesto que el Espíritu de Dios habita verdaderamente en ustedes.
—ROMANOS 8:9

Quisieron lo que no les correspondía. Anhelaron ser lo que no eran. Ese fue el pecado de Adán y Eva, quienes quisieron ser como Dios. Ese es el "egoísmo del hombre", el pecado que desordenó la creación de Dios.

Cristo, con su Pasión, muerte y Resurrección, derrotó el pecado y reinstauró el Reino de Dios, la creación, según el orden y el plan divinos.

Nosotros hemos recibido el Espíritu de Dios que Cristo nos prometió. Es el Espíritu el que ahora habita en nosotros y gracias al cual podemos rechazar el pecado y vivir según la voluntad de Dios.

Zacarías 9:9–10
Salmo 144
Romanos 8:9,11–13
Mateo 11:25–30

7 DE JULIO

Esto dice el Señor:
"[. . .] Israel, yo te desposaré conmigo para siempre.
Nos uniremos en la justicia y la rectitud,
en el amor constante y la ternura;
yo te desposaré en la fidelidad
y entonces tú conocerás al Señor".
—OSEAS 2:21–22

Dios es justo y recto.

Dios es amor y ternura.

Dios es fiel.

¿Lo soy yo?

Oseas 2:16,17–18,21–22
Salmo 144
Mateo 9:18–26

Entonces [Jesús] dijo a sus discípulos: "La cosecha es mucha y los trabajadores, pocos. Rueguen, por tanto, al dueño de la mies que envíe trabajadores a sus campos".
—MATEO 9:37–38

Jesús vino a proclamar e instaurar el Reino de Dios, aquí y ahora. "El Reino de los cielos está cerca", anunciaba, y sus milagros y exorcismos eran señales de que ese reino se estaba haciendo realidad. Pero todavía no ha llegado a su plenitud. Aún hay mucho por hacer para que reine la justicia, la paz y el amor de Dios; para que cesen las injusticias, la violencia y el odio que genera el pecado.

Aún hay mucho por hacer. ¿Cómo te está llamando Dios a colaborar con Cristo en el establecimiento del Reino? ¿Estás dispuesto a aceptar su invitación?

Oseas 8:4–7,11–13
Salmo 113
Mateo 9:32–38

9 DE JULIO

• SAN AGUSTÍN ZHAO RONG, PRESBÍTERO, Y COMPAÑEROS, MÁRTIRES •

A estos doce los envió Jesús con estas instrucciones: "[. . .] Vayan más bien en busca de las ovejas perdidas de la casa de Israel. Vayan y proclamen por el camino que ya se acerca el Reino de los cielos".
—MATEO 10:5–6

Como cristianos, no buscamos solo nuestra propia Salvación, sino que la deseamos para todos. Como seguidores de Jesucristo, nuestra misión no es simplemente la de transformar nuestro corazón, sino también la de invitar a los demás a que transformen el suyo. Como discípulos, no estamos llamados simplemente a sentarnos a los pies de Cristo y escuchar sus enseñanzas, sino que somos enviados como apóstoles a vivir y proclamar su mensaje a todos los rincones del planeta.

¿Cómo invitamos a los demás a transformar su corazón? ¿Damos ejemplo de lo que significa tener un corazón nuevo?

Oseas 10:1–3,7–8,12
Salmo 104
Mateo 10:1–7

10 DE JULIO

"Mi corazón se conmueve dentro de mí
y se inflama toda mi compasión.
[. . .] pues yo soy Dios y no hombre,
yo soy el Santo que vive en ti
y no enemigo a la puerta".
—OSEAS 11:8–9

Dios jamás desea nuestro mal, nuestro sufrimiento, nuestro dolor. Al contrario, cuando clamamos a él, cuando dirigimos nuestros llantos y peticiones, su "corazón se conmueve" y de él solo brota compasión hacia con nosotros.

Cuando ves el sufrimiento de los demás, cuando escuchas del dolor ajeno, ¿qué sientes en tu corazón? ¿Cómo respondes y actúas?

Oseas 11:1–4,8–9
Salmo 79
Mateo 10:7–15

11 DE JULIO

• SAN BENITO, ABAD •

Señor, abre mis labios
y cantará mi boca tu alabanza.
—SALMO 50:17

Con estas palabras, tomadas del *Miserere,* se inicia siempre la oración de la mañana, las Laudes de la Liturgia de las Horas. Al rezarlas, trazamos sobre nuestros labios la Señal de la Cruz.

Inténtalo ahora.

Haz que esta sea tu oración a lo largo del día.

Oseas 14:2–10
Salmo 50
Mateo 10:16–23

Escuché entonces la voz del Señor que decía: "¿A quién enviaré? ¿Quién irá de parte mía?" Yo le respondí: "Aquí estoy, Señor, envíame".
—ISAÍAS 6:8

Señor, Dios mío,
tú me has llamado a servirte.
Ayúdame a responder fielmente
a tu invitación,
de manera que me convierta
en instrumento
de tu amor y misericordia,
de tu justicia y paz.
Amén.

Isaías 6:1–8
Salmo 92
Mateo 10:24–33

Domingo

13 DE JULIO

• XV DOMINGO ORDINARIO •

Lo sembrado en tierra buena representa a quienes oyen la palabra, la
entienden y dan fruto.
—MATEO 13:23

Algunas semillas cayeron en tierra seca y otras entre rocas, unas murieron al crecer entre zarzas y otras crecieron en tierra fértil y dieron fruto.

Cuando Dios se dirige a mí a través de su Palabra, de su Iglesia, de los sacramentos y la oración, de la creación, de los demás, de mi conciencia. . . ¿cómo acojo su mensaje? ¿Qué tipo de tierra soy? ¿Qué frutos doy en mi vida?

Isaías 55:10–11
Salmo 64
Romanos 8:18–23
Mateo 13:1–23 o 13:1–9

14 DE JULIO

• SANTA KATERI TEKAKWITHA, VIRGEN •

[Jesús dijo a sus apóstoles:] "Quien los recibe a ustedes, me recibe a mí; y quien me recibe a mí, recibe al que me ha enviado".
—MATEO 10:40

El Bautismo nos transforma desde un primer momento: nos perdona los pecados y nos convierte en seguidores de Cristo y miembros de su Iglesia. La transformación es tal que nos hace ver todo de una forma diferente, a través del prisma de la fe. Por medio de ella vemos a Dios activo en el mundo, vivimos con esperanza, sentimos la gracia divina en nuestra vida, experimentamos el perdón y la justicia. . . y vemos a los demás como hermanos y hermanas en Cristo. Lo que es más, en ellos actúa Cristo, revelándonos a Dios Padre.

¿Soy yo también un instrumento de Dios? ¿Ven los demás a Cristo vivo en mí?

Isaías 1:10–17
Salmo 49
Mateo 10:34—11:1

En aquel tiempo, Jesús se puso a reprender a las ciudades que habían visto
sus numerosos milagros, por no haberse arrepentido.
—MATEO 11:20

Dios mío,
me arrepiento de todo corazón
de todos mis pecados
y los aborrezco,
porque al pecar, no solo merezco
las penas establecidas por ti justamente,
sino principalmente porque te ofendí,
a ti sumo Bien y digno de amor
por encima de todas las cosas.
Por eso propongo firmemente,
con ayuda de tu gracia,
no pecar más en adelante
y huir de toda ocasión de pecado.
Amén.

Isaías 7:1–9
Salmo 47
Mateo 11:20–24

Jamás rechazará Dios a su pueblo / ni dejará a los suyos sin amparo. /
Hará justicia al justo / y dará un porvenir al hombre honrado.
—SALMO 93:14–15

Somos miembros de una alianza divina: Dios es nuestro Dios y nosotros somos su pueblo. A causa del pecado y de la debilidad humana, hay ocasiones en las que no cumplimos nuestra parte de la Alianza, pero Dios jamás deja de cumplir la suya. Hay ocasiones en las que nos alejamos de Dios, pero él nunca lo hace de nosotros. Hay ocasiones en las que rechazamos a Dios, pero él nunca nos rechaza. Hay ocasiones en las que no amamos a nuestro prójimo y no nos comportamos con los demás como Dios quiere que lo hagamos, pero Dios nunca deja de amarnos. Hay ocasiones en las que no somos justos, pero Dios nunca deja de serlo.

¿Soy fiel a Dios y a su Alianza?

Isaías 10:5–7,13–16
Salmo 93
Mateo 11:25–27

Tú nos darás, Señor, la paz,
porque todo lo que hemos hecho
eres tú quien lo ha hecho por nosotros.
—ISAÍAS 26:12

Todas las cosas buenas que recibimos y todas las cosas buenas que hacemos provienen de Dios, fuente de toda bondad, la Bondad misma. Es la gracia de Dios en nosotros, su propia vida, la que nos ayuda a discernir el bien del mal, la que nos lleva a actuar con justicia y amor, la que nos hace perdonar. . . la que nos hace instrumentos de Dios en el mundo. Al actuar como tales, sentimos esa paz interior que solo Dios nos puede dar, esa paz profunda que nos llena e inunda el corazón.

Demos gracias a Dios por todos los dones que de él hemos recibido y roguémosle que siempre seamos instrumentos suyos y mensajeros de su paz.

Isaías 26:7–9,12,16–19
Salmo 101
Mateo 11:28–30

*A los que Dios protege viven, / y entre ellos vivirá mi espíritu; / me has
curado, / me has hecho revivir.*
—ISAÍAS 38:16

Cada vez que pecamos nos alejamos de Dios, fuente de la vida misma. Cada vez que nos reconciliamos con Dios, revivimos. Su perdón es nuestra sanación. Cuando nos arrepentimos sinceramente de nuestros pecados, participamos del sacramento de la Reconciliación, realizamos la penitencia que se nos da y nos comprometemos a no volver a pecar. Entonces la gracia de Dios nos invade, nos fortalece y nos restaura a la vida plena.

Con el pecado vino la muerte y con la Resurrección la vida. Por lo tanto, seamos personas de la Resurrección.

Isaías 38:1–6,21–22,7–8
Isaías 38
Mateo 12:1–8

19 DE JULIO

Tú, Señor, ves las penas y los trabajos, / tú los miras y los tomas en tus manos; / el pobre se encomienda a ti, / tú eres el socorro del huérfano.
—SALMO 9:14

Dios mío y Dios nuestro,
tú eres nuestro refugio y fortaleza.
Tú que siempre estás atento
a nuestras necesidades,
a ti te ofrezco todas mis obras
y mis oraciones.
Escucha mis plegarias
y las de quienes se dirigen a ti,
y dame la gracia necesaria
para ser instrumento tuyo
de amor y justicia.
Amén.

Miqueas 2:1–5
Salmo 9
Mateo 12:14–21

Domingo

20 DE JULIO

• XVI DOMINGO ORDINARIO •

[Jesús] les dijo también otra parábola: "El Reino de los cielos se parece a un poco de levadura que tomó una mujer y la mezcló con tres medidas de harina, y toda la masa acabó por fermentar".
—MATEO 13:33

La levadura tiene tres peculiaridades: una pequeña cantidad de la misma tiene un gran efecto, hay que dejarla reposar para que surta efecto y es algo vivo. Tengamos en cuenta estas características a la hora de pensar en cómo el "simple" mensaje del Evangelio y nuestras obras para hacerlo realidad se asemejan a la levadura.

¿Cuáles son algunas obras "pequeñas" que puedes hacer para que el Reino de Dios se haga realidad? ¿Eres paciente y confías en Dios y su plan? ¿Está el Evangelio vivo en ti?

Sabiduría 12:13,16–19
Salmo 85
Romanos 8:26–27
Mateo 13:24–43 o 13:24–30

21 DE JULIO

Quien las gracias me da, ése me honra / y yo salvaré al que cumple mi voluntad.
—SALMO 49:23

El corazón del cristiano es un corazón agradecido. Todo lo que somos y poseemos, lo somos y tenemos gracias a Dios, de quien provienen todas las cosas buenas.

En silencio, reflexiona sobre todo aquello que has recibido de Dios. En oración, agradece a Dios todas estas cosas.

Miqueas 6:1–4,6–8
Salmo 49
Mateo 12:38–42

María Magdalena se fue a ver a los discípulos para decirles que había visto al Señor y para darles su mensaje.
—JUAN 20:18

¡He visto a Cristo! ¡Ha resucitado! ¡Va a venir a vernos! ¡Me ha enviado para que se los anuncie! Ese era el mensaje que dio a los demás discípulos María Magdalena, la primera en proclamar el gran misterio de nuestra fe y de nuestra Salvación.

Al igual que ella, todos nosotros somos enviados a proclamar a Cristo resucitado. Es parte de nuestra misión como apóstoles suyos. ¿De qué modo puedes seguir el ejemplo de María Magdalena?

Miqueas 7:14–15,18–20
Salmo 84
Juan 20:1–2,11–18

"No digas que eres un muchacho,
pues irás a donde yo te envíe
y dirás lo que yo te mande.
No tengas miedo,
porque yo estoy contigo para protegerte".
—JEREMÍAS 1:7–8

La respuesta de Jeremías se parece a la de muchos otros personajes bíblicos que fueron llamados por Dios. Su respuesta fue de miedo, incredulidad y excusas. Pero en el caso de Jeremías y de muchos otros, Dios les pide no tener miedo y les recuerda que él va a estar a su lado y que no habrá obstáculo que no puedan vencer, pues Dios va a actuar a través de ellos.

¿Le das excusas a Dios algunas veces para no hacer o decir lo que él desea que hagas o digas? Cuando encuentras obstáculos y dificultades, ¿confías en Dios? ¿Cómo expresas esa confianza?

Jeremías 1:1,4–10
Salmo 70
Mateo 13:1–9

Porque tú eres, Señor, la fuente de la vida / y tu luz nos hace ver la luz. /
Prolonga tu misericordia con los que te reconocen / y tu justicia con los
rectos de corazón.
—SALMO 35:10–11

Dios,
fuente de la vida,
te damos gracias
porque eres misericordioso
y justo.
Te rogamos que ilumines
nuestras decisiones
de manera que siempre actuemos
rectamente, según tu voluntad.
Amén.

Jeremías 2:1–3,7–8,12–13
Salmo 35
Mateo 13:10–17

Cuando el Señor nos hizo volver del cautiverio, / creíamos soñar; / entonces no cesaba de reír nuestra boca, / ni se cansaba entonces la lengua de cantar.
—SALMO 125:1–2

El salmista expresa la alegría de quienes regresan a su país tras haber sido exiliados forzosamente al extranjero. Imagina el gozo que debían sentir al volver a ver su tierra, a sus ciudades y pueblos, al reencontrarse con sus seres queridos. . . Esa es también la alegría que sentimos cuando Dios nos otorga su perdón y misericordia, cuando nos libera del pecado y nos permite regresar a él.

¿Hay algo que te mantenga alejado de Dios? ¿Celebras el sacramento de la Reconciliación? ¿Cómo le agradeces a Dios su perdón? ¿Cómo compartes con los demás la alegría al saber que Dios te ofrece y concede su perdón?

2 Corintios 4:7–15
Salmo 125
Mateo 20:20–28

26 DE JULIO

Esto dice el Señor de los ejércitos, el Dios de Israel: Corrijan su conducta y sus intenciones, y viviré con ustedes en este lugar.
—JEREMÍAS 7:3

La conversión no es un llamado que solo recibimos durante la Cuaresma. La conversión es algo a lo que estamos llamados todos los cristianos en todo momento. Nuestra humanidad sigue herida a causa del pecado, y por lo tanto, nuestro corazón necesita de una transformación continua.

La oración personal y comunitaria, nuestra participación en la celebración de los sacramentos, las Sagradas Escrituras, la lectura espiritual, el acompañamiento y apoyo espiritual, el estudio y la interiorización de las enseñanzas de la Iglesia, las obras de caridad y de justicia social. . . todo ello nos ayuda a convertir nuestro corazón y a acercarnos cada vez más a Dios, nuestro Padre.

Jeremías 7:1–11
Salmo 83
Mateo 13:24–30

27 DE JULIO

• XVII DOMINGO ORDINARIO •

*Amo, Señor, tus mandamientos / más que el oro purísimo; / por eso tus
preceptos son tu guía / y odio toda mentira.*
—SALMO 118:127–128

El salmista nos dice que los mandamientos y las enseñanzas
del Señor son más valiosos que el oro porque nos guían a
la felicidad y a nuestro verdadero tesoro: la vida eterna con
Dios. Esto contrasta con las promesas vacías y las mentiras de
encontrar la felicidad que la sociedad actual nos ofrece.

El cristiano cumple y vive los mandamientos y preceptos
divinos, no por temor, sino por amor: porque Dios nos los ha
dado por amor y porque nosotros amamos a Dios.

¿Cuáles son algunas de las promesas falsas que nos hace la
sociedad? ¿Qué nos dice la sociedad que nos hará felices?
¿Cómo contrasta el mensaje de la sociedad con el mensaje del
Evangelio?

1 Reyes 3:5–13
Salmo 118
Romanos 8:28–30
Mateo 13:44–52 o 13:44–46

28 DE JULIO

Jesús propuso esta otra parábola a la muchedumbre: "El Reino de los cielos es semejante a la semilla de mostaza que un hombre siembre en su huerto. Ciertamente es la más pequeña de todas las semillas, pero cuando crece, llega a ser más grande que las hortalizas y se convierte en un arbusto, de manera que los pájaros vienen y hacen su nido en las ramas".
—MATEO 13:31–32

Señor Dios,
tú me has dado el don de la fe.
Te ruego que, viviéndola ella
y profesándola,
contribuya al crecimiento de tu Reino
y este se convierta en un gran arbusto
donde todos encuentren tu protección,
sustento y hogar.
Amén.

Jeremías 13:1–11
Deuteronomio 32
Mateo 13:31–35

¿Acaso los cielos, por sí solos, pueden darnos la lluvia?
Tú solo, Señor y Dios nuestro, haces todas estas cosas,
por eso en ti tenemos puesta nuestra esperanza.
—JEREMÍAS 14:22

Dios lo puede todo. En él tenemos puesta nuestra esperanza, pues siempre cumple sus promesas, tal y como lo demostró al enviarnos a Jesucristo. Con confianza y fe, oremos el Acto de Esperanza:

Señor Dios mío, espero por tu gracia
la remisión de todos mis pecados;
y después de esta vida,
alcanzar la eterna felicidad,
porque tú lo prometiste que eres
infinitamente poderoso,
fiel, benigno y lleno de misericordia.
Quiero vivir y morir en esta esperanza.
Amén.

Jeremías 14:17–22
Salmo 78
Juan 11:19–27 o Lucas 10:38–42

[Jesús dijo a la multitud:] "El Reino de los cielos se parece también a un comerciante en perlas finas que, al encontrar una perla muy valiosa, va y vende cuanto tiene y la compra".
—MATEO 13:45–46

¿Qué estamos dispuestos a hacer para vivir en el Reino de Dios? ¿Qué estamos dispuestos a cambiar en nuestra vida para poder ser bienvenidos al Reino? ¿Por qué estamos dispuestos a luchar para que el Reino sea una realidad en nuestra vida? ¿Qué estamos dispuestos a decir y hacer para anunciar el Reino a los demás? ¿Cómo estamos dispuestos a obrar para que el Reino llegue a su plenitud?

Jeremías 15:10,16–21
Salmo 58
Mateo 13:44–46

31 DE JULIO

• SAN IGNACIO DE LOYOLA, PRESBÍTERO •

Alaba, alma mía, al Señor; / alabaré al Señor toda mi vida.
—SALMO 145:1

Busquemos y alabemos siempre a Dios —el Amor mismo—.
Como escribió el padre Pedro Arrupe, SJ:

Nada puede importar más que encontrar a Dios.
Es decir, enamorarse de Él
de una manera definitiva y absoluta.
Aquello de lo que te enamoras atrapa tu imaginación,
y acaba por ir dejando su huella en todo.
Será lo que decida qué es lo que te saca de la cama
    en la mañana,
qué haces con tus atardeceres,
en qué empleas tus fines de semana,
lo que lees, lo que conoces, lo que rompe tu corazón,
y lo que te sobrecoge de alegría y gratitud.
¡Enamórate! ¡Permanece en el amor!
Todo será de otra manera.

Jeremías 18:1–6
Salmo 145
Mateo 13:47–53

Jesús les dijo: "Un profeta no es despreciado más que en su patria y en su casa". Y no hizo muchos milagros allí por la incredulidad de ellos.
—MATEO 13:57–58

El papel del profeta es el de ser mensajero de aquello que Dios quiere hacer llegar a su pueblo. Esto significa que la fidelidad del profeta a Dios es de suma importancia. No importa el recibimiento que tenga el profeta; lo importante es que el mensaje divino sea proclamado a todos, para que así conviertan sus vidas. El profeta no busca hacerse amigos, sino cumplir la voluntad de Dios. Al ser bautizados, todos participamos de la función profética. ¿Estamos dispuestos a ser ridiculizados por anunciar a Cristo? ¿Estamos dispuestos a permanecer fieles a Dios? ¿Estamos dispuestos a proclamar el Evangelio aun cuando este sea rechazado?

Jeremías 26:1–9
Salmo 68
Mateo 13:54–58

Mírame enfermo y afligido; / defiéndeme y ayúdame, Dios mío. / En mi cantar exaltaré tu nombre, / proclamaré tu gloria, agradecido.
—SALMO 68

¿Cómo es posible que alguien enfermo, dolorido y desprotegido alabe, glorifique y le dé gracias a Dios? Si fuéramos esa persona, ¿no sería más probable que en lugar de dar gracias a Dios nos quejáramos ante él? Que en lugar de alabar su nombre, ¿estuviéramos molestos con él? Una de las grandes lecciones de los salmistas es la confianza y la esperanza plenas en Dios. El enfermo, el afligido, el vulnerable. . . dan gracias y alaban a Dios porque saben en lo más profundo de su corazón que Dios no los va a abandonar sino que responderá a sus súplicas.

¿Confiamos en Dios en los momentos más difíciles de la vida? ¿Agradecemos a Dios lo que sabemos va a hacer por nosotros en un futuro?

Jeremías 26:11–16,24
Salmo 68
Mateo 14:1–12

Se acercaron sus discípulos a decirle: "Estamos en despoblado y empieza a oscurecer. Despide a la gente para que vayan a los caseríos y compren algo de comer". Pero Jesús les replicó: "No hace falta que vayan. Denles ustedes de comer".
—MATEO 14:15–16

Resulta fácil ignorar a los necesitados, despreocuparse de ellos o hacer que sean otros los que se ocupen de prestarles ayuda. "Que alguien más se encargue de ellos", "Que se busquen la vida por sí mismos", "Ese es su problema; ellos se lo han buscado". . . solemos oír. Pero Jesús nos dice: "Denles ustedes de comer".

¿Cómo respondemos ante las necesidades de los demás? ¿Cómo tratamos a los más vulnerables y necesitados? ¿Cómo les "damos de comer"?

Isaías 55:1–3
Salmo 144
Romanos 8:35,37–39
Mateo 14:13–21

4 DE AGOSTO

• SAN JUAN MARÍA VIANNEY, PRESBÍTERO •

*Jesús le contestó: "Ven". Pedro bajó de la barca y comenzó a caminar
sobre el agua hacia Jesús; pero al sentir la fuerza del viento, le entró miedo,
comenzó a hundirse y gritó: "¡Sálvame, Señor!" Inmediatamente Jesús le
tendió la mano.*
—MATEO 14:29–31

Todos tenemos momentos de gran fe —en los que seríamos
capaces de caminar sobre el agua— y todos tenemos
momentos de grandes dudas —en los que sentimos hundirnos
en la incertidumbre y el temor—. En ambas situaciones,
Cristo nos habla, está con nosotros, nos guía y nos tiende
la mano.

Cuando Cristo te dice: "Ven", ¿cómo respondes?

Cuando Cristo te tiende la mano, ¿se la recibes?

¿A quién le tiendes tú la mano en nombre de Jesús?

Jeremías 28:1–17
Salmo 118
Mateo 14:22–36

"Ustedes serán mi pueblo / y yo seré su Dios".
—JEREMÍAS 30:22

La gran Alianza entre Dios y nosotros.

Él es nuestro Dios. Él nos protege y guía; nos ofrece su justicia y su misericordia; nos consuela y nos ayuda; escucha nuestras plegarias y nos responde; nos ofrece su gracia y su amor.

¿Cómo vivimos nuestra parte de la Alianza? ¿Qué significa para ti ser miembro del Pueblo de Dios?

Jeremías 30:1–2,12–15,18–22
Salmo 101
Mateo 14:22–36 o 15:1–2,10–14

Hermanos: Cuando les anunciamos la venida gloriosa y llena de poder de nuestro Señor Jesucristo, no lo hicimos fundados en fábulas hechas con astucia, sino por haberlo visto con nuestros propios ojos en toda su grandeza. [. . .]

Tenemos también la firmísima palabra de los profetas, a la que con toda razón ustedes consideran como una lámpara que ilumina en la oscuridad, hasta que despunte el día y el lucero de la mañana amanezca en los corazones de ustedes.

—2 PEDRO 1:16–19

Nuestra fe no está basada en leyendas, mentiras o cuentos. Nuestra fe tiene sus cimientos en Jesucristo, quien verdaderamente vivió, verdaderamente padeció y murió, y verdaderamente resucitó y ascendió a los cielos.

¿Cómo vives tu fe en Cristo? ¿Cómo ahondas en tu fe? ¿Cómo fortaleces tu fe? ¿Cómo te ilumina la fe tu vida?

Daniel 7:9–10,13–14
Salmo 96
2 Pedro 1:16–19
Mateo 17:1–9

*Esta será la alianza nueva
que voy a hacer con la casa de Israel:
Voy a poner mi ley en lo más profundo de su mente
y voy a grabarla en sus corazones.
Yo seré su Dios y ellos serán mi pueblo.*
—JEREMÍAS 31:33

Nuestra relación con Dios, como miembros de su pueblo y partícipes de su Alianza, no es una simple cuestión intelectual; no es solo conocer, entender y obedecer sus mandatos y leyes. Nuestra relación con Dios es una relación que precisa de todo nuestro ser, que implica una forma de vida. Cuando nuestro corazón, símbolo de nuestra vida misma, palpita con el amor de Dios y hace suya la Alianza, entonces vivimos como miembros fieles de su pueblo.

¿Cómo acoges en tu corazón a Dios? ¿Cómo está tu corazón necesitado de la conversión? ¿Cómo compartes el amor de Dios con los demás, especialmente con los más necesitados?

Jeremías 31:31–34
Salmo 50
Mateo 16:13–23

[Jesús dijo a sus discípulos:] "Porque el Hijo del hombre ha de venir rodeado de la gloria de su Padre, en compañía de sus ángeles, y entonces dará a cada uno lo que merecen sus obras".
—MATEO 16:27

Dios mío,
tú eres justo y misericordioso.
Te pido que mis palabras,
pensamientos y obras
sean un continuo testimonio
de tu amor,
de manera que guíen a los demás
a Cristo, tu Hijo.
Amén.

Nahum 2:1,3; 3:1–3,6–7
Deuteronomio 32
Mateo 16:24–28

[Jesús dijo a sus discípulos:] "Si ustedes tuvieran fe al menos del tamaño de una semilla de mostaza, podrían decirle a ese monte: 'Trasládate de aquí para allá', y el monte se trasladaría. Entonces nada sería imposible para ustedes".
—MATEO 17:20

¡Así de poderosa es la fe!

Piensa en los deseos, sueños y esperanzas que guardas en lo más profundo del corazón. ¿Te atreves a ofrecérselos con fe a Dios en oración?

¡Dios todo lo puede!

Habacuc 1:12–2: 4
Salmo 9
Mateo 17:14–20

Domingo
1o DE AGOSTO

• XIX DOMINGO ORDINARIO •

En cuanto subieron a la barca, el viento se calmó. Los que estaban en la barca se postraron ante Jesús, diciendo: "Verdaderamente tú eres el Hijo de Dios".
—MATEO 14:32–33

Proclamemos nuestra fe en Jesucristo, usando palabras del Credo de los Apóstoles:

Creo en Jesucristo, su único Hijo, nuestro Señor,
que fue concebido por obra y gracia del Espíritu Santo,
nació de santa María Virgen,
padeció bajo el poder de Poncio Pilato, fue crucificado,
    muerto y sepultado,
descendió a los infiernos,
al tercer día resucitó de entre los muertos,
subió a los cielos
y está sentado a la derecha de Dios, Padre todopoderoso.
Desde allí ha de venir a juzgar a vivos y muertos.

1 Reyes 19:9,11–13
Salmo 84
Romanos 9:1–5
Mateo 14:22–33

Alaben al Señor en las alturas, / alábenlo en el cielo; / que alaben al Señor todos sus ángeles, / celestiales ejércitos.

Reyes y pueblos todos de la tierra, / gobernantes y jueces de este mundo; / hombres, mujeres, jóvenes y ancianos, / alaben al Señor y denle culto.

—SALMO 148

Todo lo visible y lo invisible ha sido creado por Dios. Todo lo bueno brota de Dios. Todo depende de Dios. Nuestra vida fluye de Dios. A Dios le debemos todo.

Es nuestro deseo, así como nuestro deber, dar gracias a Dios por todo lo que existe y por todos los dones que hemos recibido. Es nuestro deseo, así como nuestro deber, alabar a Dios por su grandeza y magnanimidad. Es nuestro deseo, así como nuestro deber, ofrecerle nuestras oraciones y culto.

¿Cómo expreso mi gratitud a Dios? ¿Cómo lo alabo? ¿Cómo le rindo culto?

Ezequiel 1:2–5,24–28
Salmo 148
Mateo 17:22–27

[Jesús dijo a sus discípulos:] "El Padre celestial no quiere que se pierda ni uno solo de estos pequeños".
—MATEO 18:14

Este es el episodio en el que los discípulos no querían que los niños se acercaran a Jesús.

Hoy en día, hay muchas personas a las que queremos mantener alejadas, con las que no nos queremos asociar, a quienes la sociedad no considera importantes o incluso desprecia. Y sin embargo, son estas personas por quienes Jesús más se preocupa. Son estas personas por las que la Iglesia tiene una opción preferencial.

¿Quiénes son los necesitados de tu comunidad local? ¿Cómo responde tu parroquia a sus necesidades? ¿Cómo puedes colaborar tú en esa labor?

Ezequiel 2:8—3:4
Salmo 118
Mateo 18:1–5,10,12–14

13 DE AGOSTO

Desde que sale el sol hasta su ocaso, / alabado sea el nombre del Señor. /
Dios está sobre todas las naciones, / su gloria, por encima de los cielos.
—SALMO 112

Nuestra vida es un continuo canto de alabanza al Señor, nuestro Creador. "Oren sin cesar", dijo san Pablo. Oremos cada día de nuestra vida, desde la salida del sol hasta su puesta, desde que despertemos hasta que nos acostemos.

Podemos orar y alabar a Dios con nuestras oraciones, con nuestra forma de tratar a los demás, mediante las palabras con las que nos dirigimos a nuestros hermanos y hermanas, con nuestra manera de realizar nuestro trabajo, con la manera en la que vivimos nuestra vocación en la vida. . . Oremos al Señor para que cada día de nuestra vida sea una expresión de alabanza y gratitud a nuestro Padre celestial.

Ezequiel 9:1–7; 10:18–22
Salmo 112
Mateo 18:15–20

Pedro se acercó a Jesús y le preguntó: "Si mi hermano me ofende, ¿cuántas veces tengo que perdonarlo? ¿Hasta siete veces?" Jesús le contestó: "No sólo siete, sino hasta setenta veces siete".
—MATEO 18:21–22

¡Qué difícil es el perdón!

Hay ocasiones en las que nos cuesta perdonar y otras en las que nos cuesta aceptar el perdón de los demás. Hay ocasiones en las que nos resulta difícil perdonarnos a nosotros mismos y otras en las que nos cuesta aceptar el perdón de Dios.

¿A quién le sigo guardando rencor y debería perdonar? ¿He rechazado el perdón que me ha ofrecido alguien? ¿Hay algo de lo que me tengo que perdonar a mí mismo? ¿Acepto el amor y el perdón incondicionales de Dios en mi vida?

Ezequiel 12:1–12
Salmo 77
Mateo 18:21—19:1

15 DE AGOSTO

• ASUNCIÓN DE LA SANTÍSIMA VIRGEN MARÍA •

Isabel quedó llena del Espíritu Santo, y levantando la voz, exclamó:
"¡Bendita tú entre las mujeres y bendito el fruto de tu vientre!"
—LUCAS 1:41–42

Hoy, al conmemorar la asunción al cielo en cuerpo y alma de la Santísima Virgen María, oremos llenos de fe, gozo y alegría la oración *Regina Caeli:*

Reina del cielo alégrate; aleluya; aleluya.
Porque el Señor a quien has merecido llevar; aleluya.
Ha resucitado según su palabra; aleluya.
Ruega al Señor por nosotros; aleluya.
Gózate y alégrate, Virgen María; aleluya.
Porque verdaderamente ha resucitado el Señor; aleluya.

MISA VESPERTINA DE LA
VIGILIA
1 Crónicas 15:3–4,15–16; 16:1–2
Salmo 131
1 Corintios 15:54–57
Lucas 11:27–28

MISA DEL DÍA
Apocalipsis 11:19; 12:1–6,10
Salmo 44
1 Corintios 15:20–27
Lucas 1:39–56

Sábado

16 DE AGOSTO

Arrepiéntanse de todas las infidelidades que han cometido, estrenen un corazón nuevo y un espíritu nuevo y así no morirán, pues yo no quiero que nadie muera, dice el Señor Dios. Arrepiéntanse y vivirán.
—EZEQUIEL 18:31–32

Nuestro Dios es el Dios de la vida. Él es la Vida misma. Todo aquello que nos separa de él, que afecta negativamente nuestra relación con él, que se interpone entre él y nosotros, que es fuente de pecado, nos impide vivir plenamente. Es por eso que Dios envió a su Hijo, para derrotar al pecado y a la muerte misma, lo que nos permite vivir en su gracia.

Dirijamos el corazón a Cristo para que, arrepentidos, nuestros pecados nos sean perdonados y gocemos de la vida que Dios quiere que vivamos.

Ezequiel 18:1–10,13,30–32
Salmo 50
Mateo 19:13–15

Domingo

17 DE AGOSTO

• XX DOMINGO ORDINARIO •

"Velen por los derechos de los demás,
practiquen la justicia,
porque mi salvación está a punto de llegar
y mi justicia a punto de manifestarse".
—ISAÍAS 56:1,6

Allí donde veamos dolor, sufrimiento, pobreza, discriminación y cualquier otro tipo de injusticia, allí debemos proclamar el Evangelio de palabra y obra. Estemos atentos a las necesidades de los demás, especialmente de los más vulnerables, de los que no tienen voz en nuestra sociedad, de los que son ignorados por el mundo. Denunciemos las injusticias y seamos justos nosotros mismos como nuestro Padre celestial es justo.

¿Quiénes son los sin voz en tu comunidad? ¿Qué injusticias ves a tu alrededor? ¿Cómo puedes promover la justicia?

Isaías 56:1,6–7
Salmo 66
Romanos 11:13–15,29–32
Mateo 15:21–28

Jesús le dijo: "Si quieres ser perfecto, ve a vender todo lo que tienes, dales el dinero a los pobres, y tendrás un tesorero en el cielo; luego ven y sígueme". Al oír estas palabras, el joven se fue entristecido, porque era muy rico.
—MATEO 19:21–22

Seguir a Cristo requiere una entrega total; significa darse por entero a su Evangelio. En un mundo que valora más el egoísmo, las posesiones materiales, la posición social, el consumismo, la primacía del placer, el poder... los valores de la Buena Nueva no son bien recibidos. Quienes los viven no son bien vistos, e incluso, son objeto de la burla o el rechazo.

¿Cuáles son tus prioridades en la vida? ¿Qué aspectos del Evangelio te resultan más difíciles de poner en práctica? ¿Qué no te permite entregarte totalmente a Jesús?

Ezequiel 24:15–24
Deuteronomio 32
Mateo 19:16–22

Jesús, mirándolos fijamente, les respondió: "Para los hombres eso es imposible, más para Dios todo es posible".
—MATEO 19:26

Dios es todopoderoso, tal y como lo confesamos en el Credo: "Creo en un solo Dios, Padre Todopoderoso". Su omnipotencia, como dice el Catecismo, es *universal*, porque Dios ha creado todo, rige todo y lo puede todo; es *amorosa*, porque Dios es nuestro Padre; es *misteriosa*, porque solo la fe puede descubrirla cuando "se manifiesta en la debilidad" (cf 268). El poder omnipotente, universal, amoroso y misterioso de Dios se pone de manifiesto convirtiéndonos de nuestros pecados, dándonos su gracia y ofreciéndonos la Salvación.

Oremos para que estemos siempre dispuestos a abrir el corazón a Dios, de manera que obre en nosotros, nos transforme y nos permita gozar de su gracia y amor.

Ezequiel 28:1–10
Deuteronomio 32
Mateo 19:23–30

Miércoles

20 DE AGOSTO

• SAN BERNARDO, ABAD Y DOCTOR DE LA IGLESIA •

*Por ser un Dios fiel a sus promesas, / me guía por el sendero recto; / así,
aunque camine por cañadas oscuras, / nada temo, porque tú estás
conmigo.*
—SALMO 22

Alabamos a Dios por su fidelidad y protección con palabras
del *Benedictus*:

Bendito sea el Señor, Dios de Israel, /porque ha visitado /
y redimido a su pueblo, / suscitándonos una fuerza / de
salvación / en la casa de David, su siervo, / según lo había
predicho / desde antiguo / por boca de sus santos Profetas. /
Es la salvación que nos libra / de nuestros enemigos / y de la
mano de todos / los que nos odian; / realizando la misericordia
/ que tuvo con nuestros padres, / recordando su santa alianza
/ y el juramento que juró / a nuestro padre Abrahán. / Para
concedernos que, / libres de temor, / arrancados de la mano /
de los enemigos, / le sirvamos con santidad y justicia, / en su
presencia, todos nuestros días.

Ezequiel 34:1–11
Salmo 22
Mateo 20:1–16

"Tengo preparado el banquete; he hecho matar mis terneras y los otros animales gordos; todo está listo. Vengan a la boda".
—MATEO 22:4

Estamos invitados al banquete celestial. Todo está listo para recibirnos. Por nuestra parte, lo que necesitamos es tener un corazón nuevo, fruto de la conversión continua.

¿Aceptas la invitación de Dios?

¿Estás dispuesto a transformar tu vida y tu corazón, y a entregárselos a Dios?

Ezequiel 36:23–28
Salmo 50
Mateo 22:1–14

22 DE AGOSTO

• NUESTRA SEÑORA MARÍA REINA •

"Maestro, ¿cuál es el mandamiento más grande de la ley?"
Jesús le respondió: "'Amarás al Señor, tu Dios con todo tu corazón, con
toda tu alma y con toda tu mente'. Este es el más grande y el primero de los
mandamientos. Y el segundo es semejante a éste: 'Amarás a tu prójimo
como a ti mismo'. En estos dos mandamientos se fundan toda la ley y los
profetas".
—MATEO 22:37–40

Amar a Dios. Amar al prójimo. Amarnos a nosotros mismos. Estos mandatos son la base de la vida cristiana. Si nos dejamos guiar por ellos y los vivimos de palabra y obra, entonces nuestra vida será placentera para Dios.

Piensa en alguna persona que haya sido para ti ejemplo vivo de estos mandamientos. Agradécele a Dios en oración el testimonio cristiano que esta persona te ha dado.

¿Cómo amas a Dios? ¿Cómo amas al prójimo? ¿Cómo te amas a ti mismo?

Ezequiel 37:1–14
Salmo 106
Mateo 22:34–40

[Jesús dijo:] *"El guía de ustedes es solamente Cristo".*
—MATEO 23:10

La sociedad nos traza muchos caminos hacia la felicidad: nos indica lo que debemos poseer, lo que debemos hacer, lo que debemos ser para alcanzar la felicidad. Pero sabemos que nada de esto nos conducirá a una felicidad duradera.

Solo Cristo nos guía a la verdadera felicidad, a la plenitud de la vida en Dios. Cristo no es solo nuestro guía, sino que es el camino mismo. Si lo seguimos a él, si vivimos según sus enseñanzas y su ejemplo, entonces llegaremos a su Padre, fuente de toda felicidad.

¿Cuáles son algunos de los falsos caminos a la felicidad que nos ofrece la sociedad? ¿Caes en la tentación y los sigues? ¿Cómo puedes seguir a Cristo con mayor fidelidad?

Ezequiel 43:1–7
Salmo 84
Mateo 23:1–12

Todo proviene de Dios, todo ha sido hecho por él y todo está orientado hacia él. A él la gloria por los siglos de los siglos. Amén.
—ROMANOS 11:36

Nuestra vida en Cristo da gloria a Dios, quien lo ha creado todo, quien nos ha creado a nosotros. Como dijo san Ireneo de Lyon: "Porque la gloria de Dios es que el hombre viva, y la vida del hombre es la visión de Dios: si ya la revelación de Dios por la creación procuró la vida a todos los seres que viven en la tierra, cuánto más la manifestación del Padre por el Verbo procurará la vida a los que ven a Dios" (*Adversus haereses,* 4,20,7).

Que nuestra vida misma sea un acto de alabanza y gloria a Dios.

Isaías 22:19–23
Salmo 137
Romanos 11:33–36
Mateo 16:13–20

Hermanos: Debemos dar gracias a Dios en todo momento, como es justo, por lo mucho que van prosperando ustedes en la fe y porque el amor que cada uno tiene a los otros es cada vez mayor.
—2 TESALONICENSES 1:3

Que las palabras de Pablo a la comunidad cristiana de Tesalónica sean palabras de ánimo que nos permitan ahondar y crecer en nuestra fe así como ser cada vez más caritativos con los demás.

Demos gracias a Dios por quienes han compartido con nosotros su fe y amor, invitándonos con su ejemplo y vida a ser fieles seguidores de Cristo.

2 Tesalonicenses 1:1–5, 11–12
Salmo 95
Mateo 23:13–22

26 DE AGOSTO

Que el mismo Señor nuestro, Jesucristo, y nuestro Padre Dios, que nos ha amado y nos ha dado gratuitamente un consuelo eterno y una feliz esperanza, conforten los corazones de ustedes y los disponga a toda clase de obras buenas y de buenas palabras.
—2 TESALONICENSES 2:16–17

Jesucristo,
Hijo de Dios Padre,
te damos gracias por tu amor incondicional.
Te pedimos que transformes nuestro corazón
de manera que nuestra vida
refleje de palabra y obra
tu amor y misericordia.
Amén.

2 Tesalonicenses 2:1–3,14–17
Salmo 95
Mateo 23:23–26

27 DE AGOSTO

Que el Señor de la paz les conceda su paz siempre y en todo. Que el Señor esté con todos ustedes. [. . .] Que la gracia de nuestro Señor Jesucristo esté con todos ustedes.
—2 TESALONICENSES 3:16,18

La paz de Cristo es la que nos deseamos mutuamente en la Eucaristía. Al hacerlo, pedimos que la paz y la unidad reinen en la Iglesia y entre todos los seres humanos, a la vez que expresamos la caridad mutua y la comunión que nos une como miembros del Cuerpo de Cristo.

Oremos para que llevemos esta paz, unidad y caridad más allá de las puertas de la iglesia y la vivamos y promovamos todos y cada uno de los días de la semana.

¿Cómo puedes ser mensajero de paz? ¿Cómo puedes ser promotor de la unidad?

2 Tesalonicenses 3:6–10,16–18
Salmo 127
Mateo 23:27–32

Continuamente agradezco a mi Dios los dones divinos que les ha concedido a ustedes por medio de Cristo Jesús, ya que por él los ha enriquecido con abundancia en todo lo que se refiere a la palabra y el conocimiento. [. . .] Dios es quien los ha llamado a la unión con su Hijo Jesucristo, y Dios es fiel.
—1 CORINTIOS 1:4–5,9

En lo más profundo de nuestro ser, buscamos y deseamos la unión con Cristo. Solo así encontraremos la felicidad. Como dijo san Agustín: "Tú eres grande, Señor, y muy digno de alabanza: grande es tu poder, y tu sabiduría no tiene medida. Y el hombre, pequeña parte de tu creación, pretende alabarte. [. . .] Tú mismo le incitas a ello, haciendo que encuentre sus delicias en tu alabanza, porque nos has hecho para ti y nuestro corazón está inquieto mientras no descansa en ti" (*Confesiones,* 1,1,1).

1 Corintios 1:1–9
Salmo 144
Mateo 24:42–51

Quiso Dios salvar a los creyentes mediante la predicación de la locura del Evangelio.
—1 CORINTIOS 1:21

Nosotros, los cristianos, somos catalogados por muchos como "locos". El mensaje que proclamamos y vivimos —el mensaje del Evangelio— va en contra de todo lo que la sociedad y el mundo valora y promueve.

Regocijémonos en la locura del Evangelio, incluso si somos objeto de burla, rechazo o persecución. Prediquemos la locura del Evangelio con nuestras palabras y obras, de tal manera que llegue al mundo la Salvación que Dios quiere para nosotros.

1 Corintios 1:17–25
Salmo 32
Marcos 6:17–29

Por obra de Dios, ustedes están injertados en Cristo Jesús, a quien Dios hizo nuestra sabiduría, nuestra justicia, nuestra santificación y nuestra redención.
—1 CORINTIOS 1:30

Como si fuéramos ramas injertadas en una vid, así hemos sido unidos a Cristo por medio del Bautismo. Por nosotros corre la savia de la sabiduría, la justicia, la santificación y la redención de Cristo. Dejemos que fluya en nuestro interior; aceptemos estos dones sin igual, de manera que se reflejen en nuestros actos y den fruto abundante en nuestra vida.

¿Me dejo guiar por la sabiduría de Cristo? ¿Soy justo como Dios lo es conmigo? ¿Vivo una vida santa? ¿Acepto en mi vida a Cristo, mi Salvador?

1 Corintios 1:26–31
Salmo 32
Mateo 25:14–30

Me sedujiste, Señor, y me dejé seducir;
fuiste más fuerte que yo y me venciste.
[. . .] Había en mí como un fuego ardiente,
encerrado en mis huesos;
yo me esforzaba por contenerlo y no podía.
—JEREMÍAS 20: 20:7,9

Hemos sido seducidos por el amor de Dios.

Por amor Dios nos creó, por amor nos ha dado la vida, por amor nos envió a su Hijo, por amor nos ha salvado. Ese amor divino ha inundado nuestro corazón, todo nuestro ser. No hay nada que podamos hacer para contenerlo, para apagarlo. Arde en nuestro interior como una llama eterna, que aguanta viento y lluvia. Nos ilumina como una hoguera en la oscuridad de la noche. Nos invita a compartirlo con los demás.

Jeremías 20:7–9
Salmo 62
Romanos 12:1–2
Mateo 16:21–27

1 DE SEPTIEMBRE

¡Cuánto amo tu voluntad! / Todo el día la estoy meditando. / Tus mandatos me hacen más sabio que mis enemigos, / porque siempre me acompañan.

Soy más prudente que todos mis maestros, / porque medito tus preceptos. / Soy más sagaz que los ancianos, / porque cumplo tus leyes.

—SALMO 118:97–100

Dichoso el que se guía por el Señor y sus enseñanzas.

Dichoso el que vive su vida según la voluntad de Dios.

Dichoso el que cumple los mandamientos de Dios por amor y no por temor.

Dichoso el que medita en la Palabra de Dios y la acoge en su corazón.

1 Corintios 2:1–5
Salmo 118
Lucas 4:16–30

2 DE SEPTIEMBRE

El hombre, con su sola inteligencia, no puede comprender las cosas del Espíritu de Dios, porque para él son una locura; no las puede entender porque son cosas que sólo se comprenden a la luz del Espíritu.
—1 CORINTIOS 2:14

Nuestro intelecto, nuestra mente, es un don de Dios, por medio del cual él se nos revela y por medio del cual podemos llegar a conocer mejor a Dios. Pero nuestro intelecto, por ser limitado como lo somos nosotros, no es capaz de comprenderlo todo por sí solo, pues Dios es un misterio.

Nuestra fe, don de Dios, iluminada por la luz del Espíritu, nos permite vivir con el misterio de Dios y de sus designios. La fe no explica lo inexplicable, pero nos ayuda a aceptarlo, a reconocerlo como verdadero y a comprenderlo en lo más profundo de nuestro corazón, de nuestro ser. La fe nos ayuda a vivir en el misterio divino.

1 Corintios 2:10–16
Salmo 144
Lucas 4:31–37

Miércoles

3 DE SEPTIEMBRE

• SAN GREGORIO MAGNO, PAPA Y DOCTOR DE LA IGLESIA •

Al día siguiente se fue a un lugar solitario y la gente lo andaba buscando. Cuando lo encontraron, quisieron retenerlo, para que no se alejara de ellos, pero él les dijo: "También tengo que anunciarles el Reino de Dios a las otras ciudades, pues para eso he sido enviado".
—LUCAS 4:42–43

Tenemos la tendencia de querer quedarnos para nosotros mismos las cosas buenas, de no querer compartirlas. Pero el Evangelio —la Buena Nueva— es algo que existe para ser compartido. Nadie escucha una buena noticia sin querer contársela a alguien. Al contrario, es como si el mero hecho de recibirla nos obligara a compartirla y gritarla a voces. El Evangelio no es solo una buena nueva sino la Buena Nueva, y como tal, tiene que ser anunciada a los demás.

¿Cómo compartes el Evangelio en tu hogar, en tu comunidad, en tu puesto de trabajo?

1 Corintios 3:1–9
Salmo 32
Lucas 4:38–44

Simón Pedro se arrojó a los pies de Jesús y le dijo: "¡Apártate de mí, Señor, porque soy un pecador!"
—LUCAS 5:8

Y sin embargo Jesús no solo no se apartó de Simón, sino que lo mantuvo a su lado durante todo su ministerio.

Así es el Señor. Jesús nunca nos abandona, nunca deja de invitarnos a que caminemos junto a él, nunca deja de ofrecernos su perdón, nunca deja de llamarnos a la conversión, nunca deja de guiarnos, nunca deja de amarnos.

¿Acepto la invitación de Cristo a la conversión? ¿Acepto el amor incondicional de Cristo?

1 Corintios 3:18–23
Salmo 23
Lucas 5:1–11

5 DE SEPTIEMBRE

Pon tu vida en las manos del Señor, / en él confía, / y hará que tu virtud y
tus derechos / brillen igual que el sol de mediodía.
—SALMO 36:5–6

Pongamos nuestra vida en las manos de Dios, orando con palabras de san Ignacio de Loyola:

Tomad, Señor y recibid
toda mi libertad,
mi memoria, mi entendimiento
y toda mi voluntad.
Todo mi haber y mi poseer
vos me lo disteis;
a vos Señor lo torno.
Todo es vuestro;
disponed a toda vuestra voluntad.
Dadme vuestro amor y gracia
que ésta me basta.
Amén.

1 Corintios 4:1–5
Salmo 36
Lucas 5:33–39

6 DE SEPTIEMBRE

*No está lejos [el Señor] de aquellos que lo buscan; / muy cerca está el
Señor, de quien lo invoca.*
—SALMO 144:18

La vida de san Agustín estuvo marcada por su búsqueda
continua del Señor. Cuando finalmente lo encontró, el santo
escribió: "Y tú estabas dentro de mí y yo afuera, y así por
fuera te buscaba. [. . .] Tú estabas conmigo, mas yo no estaba
contigo. Reteníanme lejos de ti aquellas mismas cosas que, si
no estuviesen en ti, no existirían. [. . .] Pero ahora te anhelo.
Gusté de ti y ahora siento hambre y sed de ti. Me tocaste y
deseé con ansia la paz que procede de ti".

Oremos para que nunca cesemos de buscar al Señor y
tengamos siempre sed y hambre de él.

1 Corintios 4:6–15
Salmo 144
Lucas 6:1–5

*Todos los otros [mandamientos] se resumen en éste: "Amarás al prójimo
como a ti mismo", pues quien ama a su prójimo no le causa daño a nadie.
Así pues, cumplir perfectamente la ley consiste en amar.*
—ROMANOS 13:9–10

Amar.

En cuatro letras se recogen todos los mandamientos, todas las
enseñanzas.

¿Amo a Dios? ¿Amo al prójimo? ¿Me amo a mí mismo?

Ezequiel 33:7–9
Salmo 94
Romanos 13:8–10
Mateo 18:15–20

8 DE SEPTIEMBRE

• NATIVIDAD DE LA SANTÍSIMA VIRGEN MARÍA •

Todo esto sucedió para que se cumpliera lo que había dicho el Señor por boca del profeta Isaías: He aquí que la virgen concebirá y dará a luz un hijo, a quien pondrán el nombre de Emmanuel, que quiere decir Dios-con-nosotros.
—MATEO 1:22–23

Oremos a María, madre nuestra, para que interceda por nosotros ante su Hijo:

Bajo tu amparo nos acogemos,
Santa Madre de Dios;
no deseches las súplicas
que te dirigimos
en nuestras necesidades;
antes bien, líbranos siempre
de todo peligro,
¡oh Virgen gloriosa y bendita!

Miqueas 5:1–4 o Romanos 8:28–30
Salmo 12
Mateo 1:1–16,18–23 o 1:18–23

En honor de su nombre, que haya danzas, / alábenlo con arpa y tamboriles. / El Señor es amigo de su pueblo / y otorga la victoria a los humildes.

Que se alegren los fieles en el triunfo, / que inunde el regocijo sus hogares, / que alaben al Señor con sus palabras, / porque en esto su pueblo se complace.

—SALMO 149:3–5

La alegría y el gozo son características esenciales del cristiano. Es verdad que en nuestra vida hay momentos de tristeza, sufrimiento y dolor. Sin embargo, en lo más profundo de nuestro ser reside la alegría: la alegría de haber sido creados por Dios, de ser amados por él, de recibir su consuelo, de ser perdonados por él, de haber recibido su Salvación.

Que nuestra vida refleje la alegría y el gozo de ser hijos e hijas amados de Dios.

1 Corintios 6:1–11
Salmo 149
Lucas 6:12–19

10 DE SEPTIEMBRE

Hermanos, les quiero decir una cosa: la vida es corta.
—1 CORINTIOS 7:29

Los primeros cristianos esperaban el regreso inminente de Cristo; creían que este regresaría en gloria durante su vida y por eso Pablo recuerda a los corintios la brevedad de la vida. El apóstol quiere que no se preocupen de las cosas de este mundo, sino que vivan su vida preparándose para recibir a Cristo. Nosotros sabemos que Cristo aún está por regresar, pero la admonición de san Pablo sigue estando vigente.

La vida es corta. ¿La estamos viviendo como Dios quiere que la vivamos? Si Cristo regresara hoy mismo, ¿estaríamos preparados para recibirlo?

1 Corintios 7:25–31
Salmo 44
Lucas 6:20–26

11 DE SEPTIEMBRE

[Jesús dijo a sus discípulos:] "Ustedes, en cambio, amen a sus enemigos".
—LUCAS 6:35

Hoy, día de luto, tristeza y fuertes emociones, reflexionemos sobre lo que verdaderamente significan para nosotros las palabras de Jesús.

Dios mío,
fuente de perdón y misericordia.
Ayúdame a amar
y a perdonar
como amas
y perdonas tú.
Transforma mi corazón
y haz que yo sea para los demás
testigo vivo de tu perdón
y misericordia.
Amén.

1 Corintios 8:1–13
Salmo 138
Lucas 6:27–38

12 DE SEPTIEMBRE

• SANTÍSIMO NOMBRE DE LA VIRGEN MARÍA •

Hermanos: No tengo por qué presumir de predicar el Evangelio, puesto que ésa es mi obligación. ¡Ay de mí, si no anuncio el Evangelio!
—1 CORINTIOS 9:16

Si de verdad hemos aceptado el mensaje del Evangelio y si Cristo habita verdaderamente en nosotros, entonces no tenemos otra opción que la de compartir la Buena Nueva con los demás y proclamar a Cristo resucitado. No podemos llamarnos discípulos de Cristo si no vivimos nuestra fe, si no la ponemos en práctica y la profesamos de obra y palabra. La fe no es algo que solo se pueda vivir en privado, puesto que transforma nuestra vida. Y al transformar nuestra vida, toda ella se convierte en una proclamación viva del Evangelio de Cristo.

¿Cómo anuncio el Evangelio? ¿Qué me impide hacerlo? ¿Qué me ayuda y me da fuerzas para hacerlo?

1 Corintios 9:16–19,22–27
Salmo 83
Lucas 6:39–42

13 DE SEPTIEMBRE

• SAN JUAN CRISÓSTOMO, OBISPO Y DOCTOR DE LA IGLESIA •

¿Cómo le pagaré al Señor / todo el bien que me ha hecho?
—SALMO 115:12

En silencio, reflexiona sobre la pregunta que se hace el salmista.

En oración, respóndela tú.

1 Corintios 10:14–22
Salmo 115
Lucas 6:43–49

14 DE SEPTIEMBRE

· EXALTACIÓN DE LA SANTA CRUZ ·

Dios no envió a su Hijo para condenar al mundo, sino para que el mundo se salvara por él.
—JUAN 3:17

Hagamos nuestras estas palabras de santa Teresa de Jesús:

En la cruz está la vida y el consuelo,
y ella sola es el camino para el cielo.
Después que se puso en cruz el Salvador,
en la cruz está "la gloria y el honor",
y en el padecer dolor vida y consuelo,
y el camino más seguro para el cielo.

Números 21:4–9
Salmo 77
Filipenses 2:6–11
Juan 3:13–17

Lunes

15 DE SEPTIEMBRE

• NUESTRA SEÑORA DE LOS DOLORES •

En aquel tiempo, estaban junto a la cruz de Jesús, su madre, la hermana de su madre, María la de Cleofás, y María Magdalena.
Al ver a su madre y junto a ella al discípulo que tanto quería, Jesús dijo a su madre: "Mujer, ahí está tu hijo". Luego dijo al discípulo: "Ahí está tu madre".
—JUAN 19:25–27

A María, nuestra madre y madre de Jesús, le rogamos:

¡Oh dulce fuente de amor!,
hazme sentir tu dolor
para que llore contigo.
Y que, por mi Cristo amado,
mi corazón abrasado
más viva en él que conmigo.

1 Corintios 11:17–26
Salmo 39
Juan 19:25–27 o Lucas 2:33–35

Jesús dijo: "Joven, yo te lo mando: Levántate". Inmediatamente el que
había muerto se levantó y comenzó a hablar.
—LUCAS 7:14–15

Jesús lo ordenó y así se cumplió. Tales son el poder y la misericordia de Jesús. A él podemos dirigirnos con nuestras necesidades, y él escuchará nuestras súplicas. A él podemos acercarnos hambrientos y sedientos, y él nos saciará. A él podemos ofrecerle nuestro corazón, y él lo sanará.

¿Qué aflige a mi corazón? ¿Qué pecados no me dejan vivir la vida en su plenitud? ¿Estoy dispuesto a obedecer el mandato de Jesús, levantarme y vivir la vida nueva que él me ofrece?

1 Corintios 12:12–14,27–31
Salmo 99
Lucas 7:11–17

17 DE SEPTIEMBRE

• SAN ROBERTO BELARMINO, OBISPO Y DOCTOR DE LA IGLESIA •

Si no tengo amor, de nada me sirve.

El amor es comprensivo, el amor es servicial y no tiene envidia; el amor no es presumido ni se envanece; no es grosero ni egoísta; no se irrita ni guarda rencor; no se alegra con la injusticia, sino que goza con la verdad. El amor disculpa sin límites, confía sin límites, espera sin límites, soporta sin límites.

—1 CORINTIOS 13:3–7

Dios mío,
fuente de todo amor,
ayúdame a no ser envidioso o egoísta,
a no ser presumido o guardar rencor.
Ayúdame a ser comprensivo y servicial,
a ser justo y a amar la verdad.
Y ayúdame a amar sin límites
como tú me amas a mí.
Amén.

1 Corintios 12:31—13:13
Salmo 32
Lucas 7:31–35

18 DE SEPTIEMBRE

*[Jesús dijo:] "Sus pecados, que son muchos, le han quedado perdonados,
porque ha amado mucho".*
—LUCAS 7:47

Quien ama a Dios y al prójimo como a sí mismo camina por el camino de Dios y se mantiene alejado del pecado. Pero aunque cayera en tentación y pecara, el amor demostrado no se escapa a Dios, que todo lo ve, y sabiendo lo mucho que ha amado, Dios perdonará sus pecados. El amor, como decía san Pablo, cubre una multitud de pecados. Tal es el poder del amor.

¿Crees en el poder del amor? ¿Aceptas el amor que Dios te ofrece continuamente? ¿Participas en el sacramento de la Reconciliación, en busca del perdón y el amor de Dios?

1 Corintios 15:1–11
Salmo 117
Lucas 7:36–50

Si Cristo no resucitó, nuestra predicación es vana, y la fe de ustedes es vana.
—1 CORINTIOS 15:14

La Resurrección de Cristo es la razón de ser de nuestra fe. Si Cristo no hubiera resucitado de entre los muertos, si no hubiera vencido a la muerte y al pecado, nuestra fe no tendría sentido. Nosotros somos discípulos de Cristo resucitado y por lo tanto predicamos y vivimos la Buena Nueva de la Salvación.

Nuestra vida es una constante predicación del Evangelio de Cristo resucitado, una proclamación del amor y del perdón de Dios, de la libertad del pecado, de la vida en la gracia de Dios, de la justicia y la misericordia, de la victoria sobre la muerte y la primacía de la vida.

¿Refleja mi vida la fe que tengo en Cristo resucitado?

1 Corintios 15:12–20
Salmo 16
Lucas 8:1–3

[Jesús les dijo:] "El que tenga oídos para oír, que oiga".
—LUCAS 8:8

Y podríamos añadir: "El que tenga ojos para ver, que vea". Presente y activo, Dios se revela y nos habla. Con el lente de la fe, podemos —como diría san Ignacio de Loyola— descubrir a Dios en todas las cosas: en la creación, en las personas, en acontecimientos, en la Iglesia, en nuestro interior y en la oración. . . Cuanto más atentos estemos a la presencia divina, más conscientes seremos de ella; cuanto más conversemos con Dios, más sentiremos su presencia; cuanto más profundicemos en nuestra fe, más oiremos al Señor que nos habla y más veremos al Señor que obra en nuestra vida y el mundo. Entonces no podremos sino responder viviendo una vida basada en el amor.

¿Cómo ves presente a Dios en tu vida y en el mundo?

1 Corintios 15:35–37,42–49
Salmo 55
Lucas 8:4–15

Mis pensamientos no son los pensamientos de ustedes,
sus caminos no son mis caminos, dice el Señor.
Porque así como aventajan los cielos a la tierra,
así aventajan mis caminos a los de ustedes
y mis pensamientos a sus pensamientos.
—ISAÍAS 55:8–9

Señor Dios,
tú eres la Sabiduría misma.
Ayúdame a confiar plenamente en ti
y a entregarme en tus manos;
a vivir según tu voluntad
y tus designios
aun cuando no los comprenda.
Acrecienta mi fe
y mi esperanza en ti,
misterio divino.
Amén.

Isaías 55:6–9
Salmo 144
Filipenses 1:20–24,27
Mateo 20:1–16

22 DE SEPTIEMBRE

Hijo mío, no le niegues un favor a quien lo necesita,
si lo puedes hacer.
Si le puedes dar ahora a tu prójimo lo que te pide,
no le digas: "Vete y vuelve mañana".
—PROVERBIOS 3:27–28

La justicia no da espera. No podemos permitir que el hambriento pase hambre un día más, que el que sufre sufra un día más, que el que es ignorado sea ignorado un día más, que el que es rechazado sea rechazado un día más, que el que es maltratado sea maltratado una día más. . . La solidaridad, la caridad, la opción preferente por los pobres, la dignidad de los seres humanos y los derechos humanos son algunos de los principios de la doctrina social de la Iglesia.

¿Cómo puedes promover la justicia en tu vida? ¿Cómo puedes poner en práctica la enseñanza social católica?

Proverbios 3:27–34
Salmo 14
Lucas 8:16–18

23 DE SEPTIEMBRE

• SAN PÍO DE PIETRELCINA, PRESBÍTERO •

He escogido el camino de la lealtad / a tu voluntad y a tus mandamientos.
/ Enséñame a cumplir tu voluntad / y a guardarla de todo corazón.
—SALMO 118:33–34

Cumplir los mandamientos de Dios —amar a Dios, al prójimo y a nosotros mismos— no se limita a seguir unas leyes divinas, sino que implica seguir la voluntad misma de Dios. Cumplir los mandamientos no es solo hacer o dejar de hacer algo, sino valorar cada mandamiento en nuestro interior para que transforme nuestro corazón. Cumplir los mandamientos no es solo obedecer a Dios, sino es ser fieles de corazón a la Alianza que él estableció con nosotros.

Dios del amor,
ayúdame a serte siempre fiel,
a seguir tu voluntad
y a vivir tus mandamientos
de todo corazón.
Amén.

Proverbios 21:1–6,10–13
Salmo 118
Lucas 8:19–21

*[Los Doce] se pusieron en camino y fueron de pueblo en pueblo,
predicando el Evangelio y curando en todas partes.*
—LUCAS 9:6

Nosotros también somos apóstoles. Al ser bautizados fuimos enviados a predicar el Evangelio mediante las palabras y obras de nuestra propia vida. Quizá no lo hagamos "de pueblo en pueblo", pero sí lo podemos hacer "de persona en persona", "de situación en situación". Allí donde nos encontremos —en nuestro hogar, puesto de trabajo, comunidad— y allí con quienes nos encontremos —familiares, amigos, conocidos y desconocidos—, nuestro llamado es el de anunciar la Buena Nueva de Cristo. Con nuestro ejemplo y palabras —viviendo el Evangelio— podemos llevar al mundo la sanación, el perdón, la misericordia y el amor de Dios.

¿Cómo predicas con tu ejemplo?

Proverbios 30:5–9
Salmo 118
Lucas 9:1–6

25 DE SEPTIEMBRE

Mil años son para ti como un día, / que ya pasó; como una breve noche.

Nuestra vida es tan breve como un sueño; / semejante a la hierba, / que despunta y florece en la mañana / y por la tarde se marchita y se seca.

Enséñanos a ver lo que es la vida / y seremos sensatos.

—SALMO 89:4–6,12

La vida es breve.

¿Vives cada día plenamente?

¿Vives cada día según la voluntad de Dios?

Eclesiastés (Cohélet) 1:2–11
Salmo 89
Lucas 9:7–9

Un día en que Jesús, acompañado de sus discípulos, había ido a un lugar
solitario para orar, les preguntó: "Quien dice la gente que soy yo".
—LUCAS 9:18

Siéntate cómodamente. Respira profundamente tres veces. Imagina que estás con Jesús y sus discípulos en un lugar tranquilo y solitario. ¿Qué lugar es? Descríbelo en tu mente. Jesús invita a sus discípulos a sentarse junto a él. Los mira fijamente y les pregunta: "¿Quién dice la gente que soy yo?". Todos guardan silencio. Entonces tú miras a Jesús a los ojos, esos ojos llenos de amor y ternura. Y le contestas. ¿Qué le dices? En la sociedad de hoy, ¿qué piensa la gente de Jesús? ¿Quién dicen que es? Cuando has terminado de hablar, Jesús te agradece tu respuesta honesta, guarda unos segundos de silencio y luego te pregunta: "Y tú, ¿quién dices que soy yo?".

¿Qué le respondes a Jesús?

Eclesiastés (Cohélet) 3:1–11
Salmo 143
Lucas 9:18–22

Llénanos de tu amor por la mañana / y júbilo será la vida toda. / Que el
Señor bondadoso nos ayude / y dé prosperidad a nuestras obras.
—SALMO 89:17

La actitud con la que comenzamos el día a menudo define cómo vamos a enfrentar las situaciones y a las personas que encontremos a nuestro paso a lo largo de la jornada.

Comenzar el día con una oración es un hábito espiritual de larga tradición en la Iglesia que nos puede ser de mucha ayuda. Entre las cosas que podemos ofrecerle a Dios en oración cada mañana figura nuestra gratitud por un nuevo día, por la vida misma y por las obras que vamos a realizar, incluido nuestro trabajo diario. Podemos también presentarle nuestras peticiones diarias, entre ellas, ser conscientes de su presencia y amor y ser instrumentos suyos a lo largo del día, compartiendo su bondad y amor con los demás.

¿Cuál es tu oración para el día de hoy?

Eclesiastés (Cohélet) 11:9—12:8
Salmo 89
Lucas 9:43–45

Domingo

28 DE SEPTIEMBRE

· XXVI DOMINGO ORDINARIO ·

Tengan los mismos sentimientos que tuvo Cristo Jesús.
—FILIPENSES 2:5(–11)

Cristo, siendo Dios,
no consideró que debía aferrarse
a las prerrogativas de su condición divina,
sino que, por el contrario, se anonadó a sí mismo,
tomando la condición de un siervo,
y se hizo semejante a los hombres.
Así, hecho uno de ellos, se humilló a sí mismo
y por obediencia aceptó incluso la muerte
y una muerte de cruz.
Por eso Dios lo exaltó sobre todas las cosas
y le otorgó el nombre que está sobre todo nombre,
para que [. . .] todos reconozcan públicamente que
   Jesucristo es el Señor,
para gloria de Dios Padre.

Ezequiel 18:25–28
Salmo 24
Filipenses 2:1–11 o 2:1–5
Mateo 21:28–32

⇒ 303 ⇐

29 DE SEPTIEMBRE

• LOS SANTOS ARCÁNGELES MIGUEL, GABRIEL Y RAFAEL •

De todo corazón te damos gracias, / Señor, porque escuchaste nuestros
ruegos. / Te cantaremos delante de tus ángeles, / te adoraremos en
tu templo.
—SALMO 137:1–2

Gratitud y alabanza: dos actitudes esenciales del cristiano.

Estas dos actitudes nos llevan a reflexionar y nos invitan a hacernos dos sencillas pero poderosas preguntas todos los días:

¿Por qué le estoy agradecido a Dios?

¿Por qué alabo a Dios?

Daniel 7:9–10,13–14 o Apocalipsis 12:7–12
Salmo 137
Juan 1:47–51

30 DE SEPTIEMBRE

• SAN JERÓNIMO, PRESBÍTERO Y DOCTOR DE LA IGLESIA •

*Señor, Dios mío, de día te pido auxilio, / de noche grito en tu presencia. /
Que llegue hasta ti mi súplica, / presta oído a mi clamor.*
—SALMO 87:2–3

Sabemos que Dios siempre escucha nuestras súplicas y oraciones. Las Sagradas Escrituras dan testimonio de cómo Dios, a lo largo de la historia, siempre ha escuchado y respondido al clamor de su pueblo, de aquellas personas que le han dirigido con fe y confianza sus oraciones y ruegos. La respuesta de Dios, en aquel entonces y en nuestra propia vida, a veces no es la esperada o tiene lugar cuando menos lo esperamos. Dios, misterio absoluto, responde según su voluntad y designios, pero siempre responde.

¿Confías en que Dios escucha tus oraciones? ¿Confías en que Dios responde a tus oraciones?

Job 3:1–3,11,16,12–15,17,20–23
Salmo 87
Lucas 9:51–56

1 DE OCTUBRE

Alguien le dijo: "Te seguiré a donde quiera que vayas". Jesús le respondió:
"Las zorras tienen madrigueras y los pájaros, nidos; pero el Hijo del
hombre no tiene en dónde reclinar la cabeza".
—LUCAS 9:57–58

Ni siquiera contar con un techo bajo el cual refugiarse. Ser seguidor de Cristo significa entregarse completamente, poner la vida en manos de su Padre, confiar en la divina providencia. Al afrontar momentos difíciles, al sentir que nuestras buenas obras no dan resultados, al ser objeto de burla por profesar nuestra fe, al no recibir respuestas inmediatas a nuestras oraciones. . . los cristianos estamos llamados a decir de nuevo "sí" a Cristo y a seguirlo con fe y confianza.

¿Quién es para ti un ejemplo de alguien que se ha puesto en manos de la divina providencia?

Job 9:1–12,14–16
Salmo 87
Lucas 9:57–62

2 DE OCTUBRE

• LOS SANTOS ÁNGELES CUSTODIOS •

[Jesús dijo: "Los] ángeles, en el cielo, ven continuamente el rostro de mi Padre, que está en el cielo."
—MATEO 18:10

Oremos a nuestro Ángel de la Guarda quien, junto con las demás huestes celestiales, alaba sin cesar a Dios y nos guía y protege a lo largo de nuestra vida.

Ángel de Dios,
que eres mi custodio,
pues la bondad divina
me ha encomendado a ti,
ilumíname, guárdame, defiéndeme
y gobiérname.
Amén.

Job 19:21–27
Salmo 26
Mateo 18:1–5,10

*Jesús dijo a sus discípulos: "El que los escucha a ustedes, a mí me escucha;
el que los rechaza a ustedes, a mí me rechaza y el que me rechaza a mí,
rechaza al que me ha enviado".*
—LUCAS 10:16

Somos mensajeros de Cristo y, por lo tanto, también de quien lo envió, Dios Padre. Cuando proclamamos de palabra y obra el amor, el perdón, la misericordia, la paz y la justicia. . . cuando vivimos y anunciamos el Reino, somos profetas de Dios y colaboradores en la misión salvadora de Cristo.

¿Reflejan tus palabras y obras el mensaje del Evangelio? ¿Cómo te reciben los demás cuando compartes con ellos tu fe? ¿Te consideras profeta, vocero de Dios?

Job 38:1,12–21; 40:3–5
Salmo 138
Lucas 10:13–16

4 DE OCTUBRE

• SAN FRANCISCO DE ASÍS, RELIGIOSO •

Jesús se llenó de júbilo en el Espíritu Santo y exclamó: "¡Te doy gracias, Padre, Señor del cielo y de la tierra, [. . .] Todo me lo ha entregado mi Padre y nadie conoce quién es el Hijo, sino el Padre; ni quién es el Padre, sino el Hijo y aquel a quien el Hijo se lo quiera revelar".
—LUCAS 10:21–22

Dios ama todo lo que ha creado y quiere mantener una relación con su creación. A lo largo de la historia Dios se ha revelado, se nos ha dado a conocer, para así fomentar y fortalecer la relación filial y de amor que tenemos con él. En Cristo, la Revelación ha llegado a su plenitud. En Cristo, su Hijo, Dios nos revela su amor infinito. En Cristo, su Hijo, Dios nos revela su amor paternal. En Cristo, su Hijo, Dios nos revela su amor misericordioso. . .

¿Cómo te ayuda tu relación con Jesucristo a amar más a Dios? ¿Qué te enseña Cristo acerca de Dios Padre? ¿Qué significa para ti ser hijo o hija de Dios?

Job 42:1–3,5–6,12–16
Salmo 118
Lucas 10:17–24

Domingo

5 DE OCTUBRE

• XXVII DOMINGO ORDINARIO •

Señor, Dios de los ejércitos, vuelve tus ojos, / mira tu viña y visítala; / protege la cepa plantada por tu mano, / el renuevo que tú mismo cultivaste. Ya no nos alejaremos de ti; / consérvanos la vida y alabaremos tu poder. / Restablécenos, Señor, Dios de los ejércitos, / míranos con bondad y estaremos a salvo.
—SALMO 79:15–16,19–20

Pertenecemos a una alianza, la Alianza que Dios ha establecido con nosotros: Dios es nuestro Dios y nosotros somos su pueblo. Él nos protege —mira, visita, cuida y protege su viña— y nosotros seguimos sus mandatos y cumplimos su voluntad. Cuando caemos en la tentación y nos alejamos de Dios, cuando no cumplimos nuestra parte de la Alianza, Dios no nos abandona. Al contrario, él nos ofrece su perdón y amor, su ayuda y Salvación.

¿Cómo me protege Dios en mi vida? ¿Cómo me siento cuando me alejo de Dios? ¿Qué hago para regresar a Dios?

Isaías 5:1–7
Salmo 79
Filipenses 4:6–9
Mateo 21:33–43

Quiero que sepan, hermanos, que el Evangelio predicado por mí no es un invento humano, pues no lo he recibido ni aprendido de hombre alguno, sino por revelación de Jesucristo.
—GÁLATAS 1:12

De pequeños, asistimos a clases de catecismo. De jóvenes y adultos, hemos leído libros e ido a talleres y charlas sobre nuestra fe. Hemos aprendido mucho sobre nuestra fe católica y lo que significa ser discípulos de Cristo. Pero aun así, aun haciendo uso del don del intelecto que Dios nos ha concedido, el Evangelio no se puede comprender a cabalidad solo con la mente, sino que es algo que brota y crece desde lo más profundo de nuestro ser. Cristo se revela en nuestro corazón. Es Cristo quien nos invita a fortalecer nuestra relación con Dios. Es Cristo quien nos llama a la conversión. Es Cristo quien nos transmite el amor, el perdón y la paz de Dios, su Padre y Padre nuestro. Es Cristo quien ilumina nuestra mente. Es Cristo quien transforma nuestro corazón.

Gálatas 1:6–12
Salmo 110
Lucas 10:25–37

7 DE OCTUBRE

• NUESTRA SEÑORA DEL ROSARIO •

*Tú formaste mis entrañas, / me tejiste en el seno materno. / Te doy gracias
por tan grandes maravillas; / soy un prodigio y tus obras son prodigiosas.*
—SALMO 138:13–14

Hoy, festividad de la Virgen del Rosario, oremos al Señor:

Oh Dios,
cuyo Hijo por medio de su vida,
muerte y Resurrección,
nos otorgó los premios
de la vida eterna,
te rogamos que
venerando humildemente
los misterios del Rosario
de la Santísima Virgen María,
imitemos lo que contienen
y consigamos lo que nos prometen.
Por Jesucristo, nuestro Señor.
Amén.

Gálatas 1:13–24
Salmo 138
Lucas 10:38–42

Jesús estaba orando y cuando terminó, uno de sus discípulos le dijo:
"Señor, enséñanos a orar, como Juan enseñó a sus discípulos".
Entonces Jesús les dijo: "Cuando oren, digan:
Padre, santificado sea tu nombre,
venga tu Reino,
danos hoy nuestro pan de cada día
y perdona nuestras ofensas,
puesto que también nosotros perdonamos
a todo aquel que nos ofende,
y no nos dejes caer en tentación".
—LUCAS 11:1–4

Que esta oración, la oración que Cristo nos enseñó, sea nuestra oración constante y que mediante ella nos acerquemos cada vez más a nuestro Padre y a su Hijo, Jesucristo.

Gálatas 2:1–2,7–14
Salmo 116
Lucas 11:1–4

El Señor juró a nuestro padre Abraham
concedernos que, libres de nuestros enemigos,
lo sirvamos sin temor, en santidad y justicia,
delante de él, todos los días de nuestra vida.
—LUCAS 1:73–75

Estas palabras pertenecen al Cántico de Zacarías,
tradicionalmente llamado el *Benedictus*. Son un himno de
alabanza y acción de gracias a Dios por haber sido fiel a su
promesa de enviarnos a nuestro Salvador, Jesucristo.

Cristo nos ha salvado, venciendo a nuestro mayor enemigo:
el pecado. Por lo tanto, ya no hay nada a lo que debamos
temer. Con Cristo a nuestro lado todos los días de nuestra
vida, estamos llamados a vivir una vida santa y justa.

¿Cómo sirves a Dios en tu vida diaria? ¿Eres justo con los
demás? ¿Qué puedes hacer para vivir en santidad en tu hogar,
en tu puesto de trabajo, en tu comunidad?

Gálatas 3:1–5
Lucas 1
Lucas 11:5–13

[Jesús les dijo:] "Todo reino dividido por luchas internas va a la ruina y se derrumba casa por casa".
—LUCAS 11:17

Seguir a Jesús no es fácil, especialmente en una sociedad cuyos valores no suelen estar en concordancia con el mensaje del Evangelio. La tensión entre lo que nuestra fe nos pide que hagamos, digamos y valoremos y lo que el mundo nos dice que hagamos, digamos y valoremos es a veces muy fuerte. Nos confunde, nos tienta y nos divide, como si dijéramos, el corazón. Seguir a Jesús no es fácil, pero sabemos que es el único camino que nos dará verdadera paz y gozo, y el que nos llevará a la verdadera felicidad, a Dios mismo.

¿Está tu vida cimentada en Cristo? ¿Qué afecta negativamente tu relación con Cristo? ¿Cómo fortaleces tu relación con Cristo?

Gálatas 3:7–14
Salmo 110
Lucas 11:15–26

[Jesús les dijo:] "Dichosos todavía más los que escuchan la palabra de Dios y la ponen en práctica".
—LUCAS 11:28

Dios,
tú Palabra se hizo carne
y habitó entre nosotros.
Te pido escuchar siempre a Cristo
y vivir sus enseñanzas,
de manera que proclame,
con mi vida,
el mensaje del Evangelio
y colabore en la instauración
de tu Reino.
Amén.

Gálatas 3:21–29
Salmo 104
Lucas 11:27–28

> *"El Reino de los cielos es semejante a un rey que preparó un banquete de bodas para su hijo. Mandó a sus criados que llamaran a los invitados, pero éstos no quisieron ir".*
> —MATEO 22:2–3

Esta es una invitación que recibimos cada uno de nosotros todos los días. Dios nos invita a tener una relación íntima con él, a serle fieles, a amarlo a él y a los demás, a seguir a su Hijo, Jesucristo, a sentarnos en torno a la mesa de su banquete.

Estás invitado al banquete de Dios.

¿Aceptas la invitación que te hace Dios?

Isaías 25:6–10
Salmo 22
Filipenses 4:12–14,19–20
Mateo 22:1–14 o 22:1–10

[Dios] levanta del polvo al desvalido / y saca al indigente del estiércol, / para hacerlo sentar entre los grandes, / los jefes de su pueblo.
—SALMO 112:7–8

Dios está siempre del lado de los más necesitados: de los pobres y de los afligidos, de los vulnerables y de los sin voz, de los marginados y de los que sufren a causa de la injusticia.

Y Dios está también siempre del lado de quienes necesitan su perdón y misericordia, de quienes se arrepienten y reconocen su pecaminosidad, de quienes son conscientes de su dependencia total en Dios y de quienes se entregan a él.

¿Cómo sirves a los más necesitados? ¿De qué estás tú necesitado? Pide a Dios en oración por las necesidades de los demás y las tuyas propias.

Gálatas 4:22–24,26–27,31—5:1
Salmo 112
Lucas 11:29–32

Hermanos: Cristo nos ha liberado para que seamos libres. Conserven, pues, la libertad y no se sometan de nuevo al yugo de la esclavitud.
—GÁLATAS 5:1

Señor Jesús,
mediante tu vida, muerte, Pasión y Resurrección,
venciste a la muerte y al pecado mismo.
Gracias a ti hemos dejado de ser esclavos del pecado.
Ayúdanos a serte siempre fiel,
a no caer en la tentación,
a buscar tu perdón y misericordia
y a vivir en la libertad y la gracia
que nos ofreces.
Amén.

Gálatas 5:1–6
Salmo 118
Lucas 11:37–41

15 DE OCTUBRE

Dichoso aquel que no se guía / por mundanos criterios, / que no anda en malos pasos / no se burla del bueno, / que ama la ley de Dios / y se goza en cumplir sus mandamientos.

Es como un árbol plantado junto al río, / que da fruto a su tiempo / y nunca se marchita. / En todo tendrá éxito.

—SALMO 1:1–3

Bendito aquel que se deja guiar por el Evangelio, que sigue el camino de Jesús, que respeta a los demás, que acoge en su corazón la Palabra de Dios y la pone en práctica, que tiene sus raíces en Cristo, que obra según la voluntad de Dios y que vive en Cristo.

Gálatas 5:18–25
Salmo 1
Lucas 11:42–46

Bendito sea Dios, Padre de nuestro Señor Jesucristo [. . .]
El nos eligió en Cristo, antes de crear el mundo,
para que fuésemos santos
e irreprochables a sus ojos, por el amor,
y determinó, porque así lo quiso,
que por medio de Jesucristo, fuéramos sus hijos.
—EFESIOS 1:3–5

Dios,
Padre mío,
te doy gracias por haberme creado
y dado el don de la vida.
Te pido me ayudes
a vivir una vida de amor,
santidad
y fidelidad a ti
y a tu Hijo, Jesús.
Amén.

Efesios 1:1–10
Salmo 97
Lucas 11:47–54

En él [Cristo], también ustedes, después de escuchar la palabra de la verdad, el Evangelio de su salvación, y después de creer, han sido marcados con el Espíritu Santo prometido. Este espíritu es la garantía de nuestra herencia, mientras llega la liberación del pueblo adquirido por Dios, para alabanza de su gloria.
—EFESIOS 1:13–14

Jesús cumplió la promesa de enviarnos al Espíritu Santo. En nuestro Bautismo y Confirmación recibimos el Espíritu, quien nos guía, ayuda y protege. Del Espíritu hemos recibido los dones de la sabiduría, el entendimiento, el consejo, la fortaleza, la ciencia, la piedad y el temor de Dios.

¿Cómo está presente y activo el Espíritu Santo en tu vida? ¿Cómo haces uso de los dones del Espíritu?

Efesios 1:11–14
Salmo 32
Lucas 12:1–7

18 DE OCTUBRE

• SAN LUCAS, EVANGELISTA •

Que te alaben, Señor, todas tus obras / y que todos tus fieles te bendigan. /
Que proclamen la gloria de tu reino / y den a conocer tus maravillas.
Que muestren a los hombres tus proezas, / el esplendor y la gloria de tu
reino. / Tu reino, Señor, es para siempre / y tu imperio, por todas las
generaciones.
—SALMO 144:10–13

La proclamación e instauración del Reino de Dios. Ese fue el principal mensaje y la principal misión de Jesús. Y como discípulos y seguidores de Jesús, estamos llamados a continuar esa misión.

Con Cristo, el Reino irrumpió en el mundo. Sus milagros y señales dieron testimonio de ello. Su Resurrección significó la derrota definitiva de la muerte y del pecado, y marcó el comienzo de una nueva era: la de la vida, la libertad y la gracia.

¿Cómo puedes colaborar a diario en la creación del Reino de Dios? ¿Refleja tu vida los valores fundamentales del Reino de Dios?

2 Timoteo 4:9–17
Salmo 144
Lucas 10:1–9

Nunca perdemos de vista, hermanos muy amados de Dios, que él es quien los ha elegido. En efecto, nuestra predicación del Evangelio entre ustedes no se llevó a cabo solo con palabras, sino también con la fuerza del Espíritu Santo, que produjo en ustedes abundantes frutos.
—1 TESALONICENSES 1:4–5

Dios nos ha elegido a cada uno por nuestro nombre, incluso antes de que hubiéramos nacido. Por amor nos ha dado la vida. Por amor nos ha hecho hijos suyos. Por amor entregó a su Hijo para nuestra Salvación. Por amor envió al Espíritu Santo para guiarnos y ayudarnos. El Espíritu Santo continúa activo en nuestra vida, dando en ella sus frutos: caridad, gozo, paz, paciencia, longanimidad, bondad, benignidad, mansedumbre, fidelidad, modestia, continencia y castidad.

Que nuestra vida, guiada por el Espíritu Santo, sea una predicación viva del Evangelio de Cristo.

Isaías 45:1,4–6
Salmo 95
1 Tesalonicenses 1:1–5
Mateo 22:15–21

Ustedes han sido salvados por la gracia, mediante la fe; y esto no se debe a ustedes mismos, sino que es un don de Dios. Tampoco se debe a las obras, para que nadie pueda presumir, porque somos hechura de Dios, creados por medio de Cristo Jesús para hacer el bien que Dios ha dispuesto que hagamos.
—EFESIOS 2:8–10

La Salvación proviene de Dios. Es Dios quien nos ha salvado por medio de la vida, la Pasión, la muerte y la Resurrección de Cristo. Nuestra fe, asimismo, es un don que proviene de Dios. Cuando aceptamos ese don divino y vivimos nuestra fe, entonces estamos viviendo según la voluntad de Dios, siendo las personas que él quiso que fuéramos al crearnos. Nuestras buenas obras son una expresión natural de nuestra fe en Cristo resucitado, quien nos ha traído la Salvación.

¿Acepto la Salvación que me ofrece Dios? ¿Demuestran mis obras mi fe en Cristo? ¿Vivo mi vida en la gracia de Dios?

Efesios 2:1–10
Salmo 99
Lucas 12:13–21

21 DE OCTUBRE

Ya no son ustedes extranjeros ni advenedizos; son conciudadanos de los santos y pertenecen a la familia de Dios, porque han sido edificados sobre el cimiento de los apóstoles y de los profetas, siendo Cristo Jesús la piedra angular.
—EFESIOS 2:19–20

Dios,
Padre nuestro,
ayúdame a tratar a los demás
como hermanos y hermanas míos que son,
a vivir una vida santa y justa
y a fortalecer mi fe
en Cristo Jesús,
cimentada en tu enseñanzas
a través de los siglos.
Amén.

Efesios 2:12–22
Salmo 84
Lucas 12:35–38

Den gracias al Señor / e invoquen su nombre, / cuenten a los pueblos sus hazañas, / proclamen que su nombre es sublime.

Alaben al Señor por sus proezas, / anúncienlas a toda la tierra. / Griten jubilosos, habitantes de Sión, / porque el Dios de Israel / ha sido grande con ustedes.

—ISAÍAS 12:4–6

No importa si lees estas líneas a primera hora de la mañana o al terminar el día. Dedica unos momentos a reflexionar sobre las cosas grandes y pequeñas por las que estás agradecido: el amanecer, el tener algo con qué desayunar, el haber podido descansar la noche anterior, el tener un puesto de trabajo, el haber recibido la llamada de un amigo, el tener una familia, el ver la sonrisa de un niño en la calle. . .

En oración, dale gracias a Dios por todo ello.

Efesios 3:2–12
Isaías 12
Lucas 12:39–48

Así, arraigados y cimentados en el amor, [ustedes] podrán comprender con todo el pueblo de Dios, la anchura y la longitud, la altura y la profundidad del amor de Cristo, y experimentar ese amor que sobrepasa todo conocimiento humano, para que así queden ustedes colmados con la plenitud misma de Dios.
—EFESIOS 3:17–19

Dios es infinito. Dios es incomprensible. Dios es mucho más de lo que podamos imaginar. Por lo tanto, así también es su amor: infinito, incomprensible, inimaginable.

Y aun así sentimos, vivimos y experimentamos su amor.

¿Cómo te ha demostrado Dios su amor en tu vida? ¿Cómo has compartido con los demás ese amor?

Efesios 3:14–21
Salmo 32
Lucas 12:49–53

Un solo Señor, una sola fe, un solo bautismo, un solo Dios y padre de todos, que reina sobre todos, actúa a través de todos y vive en todos.
—EFESIOS 4:5–6

Un solo Señor.

Una sola fe.

Un solo Bautismo.

Un solo Dios.

Haz de estas palabras tu profesión de fe a lo largo del día, rezándolas con fe y convicción.

Efesios 4:1–6
Salmo 23
Lucas 12:54–59

> *Construyan el cuerpo de Cristo, hasta que todos lleguemos a estar unidos en la fe y en el conocimiento del Hijo de Dios, y lleguemos a ser hombres perfectos, que alcancemos en todas sus dimensiones la plenitud de Cristo.*
> —EFESIOS 4:13

Construyamos el Cuerpo de Cristo, la Iglesia.

Fortalezcamos la unidad que existe, reparemos las fisuras y heridas que padece, socorramos a los miembros más necesitados, incrementemos su número de miembros, ayudémonos mutuamente a vivir una vida santa y proclamemos al mundo entero a Cristo, nuestro Señor.

¿Cómo puedo construir el Cuerpo de Cristo? ¿Cómo puedo sanarlo? ¿Cómo puedo ayudar a sus miembros? ¿Cómo busco la perfección de una vida santa?

Efesios 4:7,11–16
Salmo 121
Lucas 13:1–9

Domingo

26 DE OCTUBRE

• XXX DOMINGO ORDINARIO •

Esto dice el Señor a su pueblo: "No hagas sufrir ni oprimas al extranjero, porque ustedes fueron extranjeros en Egipto. No explotes a las viudas ni a los huérfanos, porque si los explotas y ellos claman a mí, ciertamente oiré yo su clamor".
—ÉXODO 22:20–21

"Traten a los demás como quieran que ellos los traten a ustedes", dijo Jesús (Mateo 7:12).

¿Cómo reaccionas cuando te tratan injustamente? ¿Qué haces cuando ves que alguien es objeto de una injusticia? ¿Cómo tratas a los que no son como tú? ¿Cómo puedes promover la justicia a nivel local, nacional e internacional?

Éxodo 22:20–26
Salmo 17
1 Tesalonicenses 1:5–10
Mateo 22:34–40

27 DE OCTUBRE

*Porque en otro tiempo ustedes fueron tinieblas, pero ahora, unidos al Señor,
son luz. Vivan, por tanto, como hijos de la luz.*
—EFESIOS 5:8

Señor Jesús,
tú eres la Luz del Mundo.
Ilumina mi vida
y mis decisiones.
Erradica la oscuridad
que el pecado trae a mi vida,
y ayúdame para que
mis palabras y obras
sean un reflejo de tu luz
e iluminen al mundo entero.
Amén.

Efesios 4:32–5:8
Salmo 1
Lucas 13:10–17

Por aquellos días, Jesús se retiró al monte a orar y se pasó la noche en oración con Dios.
Cuando se hizo de día, llamó a los discípulos, eligió a doce de entre ellos y les dio el nombre de apóstoles.
—LUCAS 6:12–13

Al ser bautizados nosotros también fuimos elegidos "apóstoles", es decir, también fuimos "enviados" a proclamar el Evangelio y a continuar la misión de Cristo. Ser cristiano no significa solamente escuchar las palabras y enseñanzas de Jesucristo, sino que también conlleva vivirlas y compartirlas con los demás así como colaborar en la instauración del Reino de Dios. Cada domingo se nos recuerda nuestra misión como apóstoles, cuando, al terminar la misa, somos enviados en paz a vivir y proclamar el Evangelio de Cristo, la Buena Nueva que hemos celebrado en la Eucaristía.

¿Cómo vives tu misión como apóstol de Cristo?

Efesios 2:19–22
Salmo 18
Lucas 6:12–16

29 DE OCTUBRE

El Señor es siempre fiel a sus palabras / y bondadoso en todas sus acciones. / Da apoyo el Señor al que tropieza / y al agobiado alivia.
—SALMO 144:13–14

El Señor es fiel. ¿Lo soy yo?

El Señor es bondadoso. ¿Lo soy yo?

El Señor perdona al que se aleja de él. ¿Perdono yo a los demás?

El Señor ayuda a los necesitados. ¿Ayudo yo a los demás?

Efesios 6:1–9
Salmo 144
Lucas 13:22–30

Y, con la ayuda del Espíritu Santo, oren y supliquen continuamente. Velen en oración constantemente por todo el pueblo cristiano y también por mí, a fin de que Dios me conceda hablar con toda libertad para anunciar el misterio de Cristo, contenido en el Evangelio, del cual soy embajador.
—EFESIOS 6:18–20

Espíritu Santo,
tú me guías y acompañas.
Ayúdame a ser persona de oración
para así estrechar mi relación con Dios Padre
y acercarme cada vez más a él.
Ayúdame a tener siempre presentes
las necesidades de los demás
y a hacerlas mías en oración.
Y guíame y fortaléceme
para ser fiel y digno embajador de Cristo
todos los días de mi vida.
Amén.

Efesios 6:10–20
Salmo 143
Lucas 13:31–35

31 DE OCTUBRE

Quiero alabar a Dios, de corazón[. . .] / Grandiosas son las obras del Señor.
—SALMO 110:1–2

Dedica tu oración de hoy a alabar y dar gracias a Dios por todo aquello que él ha hecho por ti, por tus seres queridos y por el mundo entero. Que tu oración brote de lo más profundo de tu corazón, donde Dios te hablará.

¿Qué le agradeces a Dios? ¿Qué alabanzas le diriges? ¿Qué te contesta Dios?

Filipenses 1:1–11
Salmo 110
Lucas 14:1–6

1 DE NOVIEMBRE

• TODOS LOS SANTOS •

¿Quién subirá hasta el monte del Señor? / ¿Quién podrá entrar en su recinto santo? / El de corazón limpio y manos puras / y que no jura en falso.

Ese obtendrá la bendición de Dios.

—SALMO 23:3–6

Santa Madre de Dios, ruega por nosotros.

Todos los santos Ángeles y Arcángeles, rueguen por nosotros.

Todos los santos Patriarcas y Profetas, rueguen por nosotros.

Todos los santos Apóstoles y Evangelistas, rueguen por nosotros.

Todos los santos Discípulos del Señor, rueguen por nosotros.

Todos los santos Mártires, rueguen por nosotros.

Todos los santos y santas de Dios, rueguen por nosotros.

Apocalipsis 7:2–4,9–14
Salmo 23
1 Juan 3:1–3
Mateo 5:1–12

2 DE NOVIEMBRE

• CONMEMORACIÓN DE TODOS LOS FIELES DIFUNTOS •

Jesús les dijo: "Yo soy la resurrección y la vida. El que cree en mí, aunque
haya muerto, vivirá".
—JUAN 11:25–26

Oremos por todos los fieles difuntos:

Tú, Señor, concede al alma
de tus fieles difuntos
el descanso en un lugar luminoso,
en un oasis, en un lugar de frescura,
lejos de todo sufrimiento,
dolor o lamento.
Perdona las culpas por ellos cometidas,
Dios de bondad y misericordia;
tú eres la Resurrección,
la vida y el descanso de los fieles difuntos.

Las lecturas, tomadas de las Misas de
difuntos, variarán.

3 DE NOVIEMBRE

• SAN MARTÍN DE PORRES, RELIGIOSO •

[Jesús dijo:] "Cuando des un banquete, invita a los pobres, a los lisiados,
a los cojos y a los ciegos; y así serás dichoso, porque ellos no tienen con
qué pagarte; pero ya se te pagará, cuando resuciten los justos".
—LUCAS 14:13–14

Jesús vino para dar la vista a los ciegos, sanar a los lisiados,
liberar a los cautivos. . . e invitarlos a sentarse junto a él en el
banquete que ha preparado Dios Padre.

Jesús vino para que nosotros —ciegos ante las injusticias,
lisiados por nuestras faltas, prisioneros del pecado— seamos
sanados y liberados, y así podamos participar del banquete
divino.

Como seguidores suyos, nosotros también estamos llamados a
luchar por la justicia, a ayudar a los marginados e indefensos
y a compartir generosamente el amor sanador que hemos
recibido de Dios, Padre nuestro.

Filipenses 2:1–4
Salmo 130
Lucas 14:12–14

Entonces el amo respondió: "Sal a los caminos y a las veredas, insísteles a todos para que vengan y se llene mi casa. Yo les aseguro que ninguno de los primeros invitados participará de mi banquete".
—LUCAS 14:23–24

El amo había invitado al banquete a sus amigos, pero ninguno de ellos aceptó la invitación y todos ofrecieron excusas.

Dios te invita a ti a participar de su banquete.

¿Aceptas su invitación? ¿Qué conlleva para tu vida decirle "sí" a Dios?

Filipenses 2:5–11
Salmo 21
Lucas 14:15–24

5 DE NOVIEMBRE

[Jesús dijo a sus discípulos:] "¿Quién de ustedes, si quiere construir una torre, no se pone primero a calcular el costo, para ver si tiene con qué terminarla? No sea que, después de haber echado los cimientos, no pueda acabarla y todos los que se enteren comiencen a burlarse de él".
—LUCAS 14:28–29

Seguir a Jesús conlleva un compromiso; significa vivir según sus enseñanzas y de acuerdo a la voluntad de Dios. Decir "sí" a la invitación que Cristo requiere un cambio de corazón, una conversión total y continua; requiere entregarse completamente a él. Ese es el costo de construir nuestra vida sobre los cimientos de la fe en Cristo.

¿Estás dispuesto a asumir este costo?

Filipenses 2:12–18
Salmo 26
Lucas 14:25–33

6 DE NOVIEMBRE

[Jesús dijo:] "Yo les aseguro que así también se alegran los ángeles de Dios por un solo pecador que se arrepiente".
—LUCAS 15:10

Uno de cien, uno de diez o uno de dos. Cien ovejas y una perdida, diez monedas y una perdida o dos hijos y uno perdido. No importa el porcentaje. Para Dios, todos somos igualmente valiosos. Por eso, Dios se alegra y regocija cuando nos arrepentimos, transformamos nuestro corazón y regresamos a él.

Dios nos llama a la conversión diariamente, pues todos los días nos enfrentamos a la tentación y al pecado. Asimismo Dios nos ofrece su perdón y misericordia diariamente.

Filipenses 3:3–8
Salmo 104
Lucas 15:1–10

Hermanos míos, a quienes tanto quiero y extraño: ustedes, hermanos míos amadísimos, que son mi alegría y mi corona, manténganse fieles al Señor.
—FILIPENSES 4:1

Con estas palabras de amor y afecto se dirige san Pablo a sus hermanos y hermanas en la fe. Los sentimientos del apóstol hacia los miembros de la comunidad de Filipos no podían ser otros, pues el amor es lo que une a quienes creen en Cristo, quien nos amó hasta su muerte.

¿Cómo promueves la unidad y el amor entre los miembros de tu comunidad parroquial? ¿Cómo se ayudan mutuamente a permanecer fieles al Señor? ¿Oran por las necesidades de los demás?

Filipenses 3:17—4:1
Salmo 121
Lucas 16:1–8

[Jesús dijo a sus discípulos:] "El que es fiel en las cosas pequeñas, también es fiel en las grandes".
—LUCAS 16:10

Cuando pensamos en los santos a menudo evocamos sus grandes hazañas, sus milagros y cualquier episodio extraordinario de su vida. Quizá no pensamos tanto en el día a día de su vida, en las pequeñas decisiones que tomaban diariamente, en las sencillas obras de caridad que realizaban, en sus encuentros cotidianos con los demás. Estas "cosas pequeñas" eran su vivir diario de la fe y lo que les permitiría realizar las "cosas grandes" que nos hacen recordarlos.

Nosotros respondemos al llamado a la santidad viviendo la fe en el día a día, mediante las "cosas pequeñas" que tanto poder tienen para transformar nuestra vida y el mundo entero.

Filipenses 4:10–19
Salmo 111
Lucas 16:9–15

El único cimiento válido es Jesucristo y nadie puede poner otro distinto.
¿No saben acaso ustedes que son el templo de Dios y que el Espíritu de
Dios habita en ustedes?
—1 CORINTIOS 3:11,16

El Espíritu Santo actúa de diferentes maneras en el Cuerpo de Cristo, en cada uno de nosotros unidos en Cristo. Las virtudes y los carismas son algunas de las maneras en las que el Espíritu actúa y nos da vida. Las virtudes nos llevan a obrar según el bien. Los carismas son gracias del Espíritu, que ayudan a edificar la Iglesia, a hacer el bien y a responder a las necesidades de los demás.

¿Cómo actúa el Espíritu Santo en tu vida? ¿Qué virtudes y carismas has recibido del Espíritu? ¿Cómo los vives en tu vida diaria?

Ezequiel 47:1–2,8–9,12
Salmo 45
1 Corintios 3:9–11,16–17
Juan 2:13–22

10 DE NOVIEMBRE

• SAN LEÓN MAGNO, PAPA Y DOCTOR DE LA IGLESIA •

[Jesús dijo a sus discípulos:] "Si tu hermano te ofende, trata de corregirlo; y si se arrepiente, perdónalo. Y si te ofende siete veces al día, y siete veces viene a ti para decirte que se arrepiente, perdónalo".

—LUCAS 17:3–4

¿A quién necesitas perdonar? ¿Perdonas a los que te ofenden?

¿Aceptas el perdón de los demás?

¿Te perdonas a ti mismo?

¿Buscas el perdón de Dios? ¿Aceptas el perdón de Dios?

Tito 1:1–9
Salmo 23
Lucas 17:1–6

11 DE NOVIEMBRE

• SAN MARTÍN DE TOURS, OBISPO •

Pon tu esperanza en Dios, practica el bien / y vivirás tranquilo en esta
tierra. / Busca en él tu alegría / y te dará el Señor cuanto deseas.
—SALMO 36:3–4

Reza el siguiente Acto de Esperanza. Después de cada frase,
haz una pausa para reflexionar sobre lo que esas palabras
significan en tu vida.

Espero en Dios Padre;
Espero en Dios Hijo;
Espero en Dios Espíritu Santo;
Espero en la Santísima Trinidad;
Espero en mi Señor Jesucristo,
Dios y hombre verdadero.

Tito 2:1–8,11–14
Salmo 36
Lucas 17:7–10

Uno de ellos, al ver que estaba curado, regresó, alabando a Dios en voz alta, se postró a los pies de Jesús y le dio las gracias.
—LUCAS 17:15–16

Solo uno de los diez leprosos regresó para dar gracias a Jesús por haberlo curado. Alabando a Dios en voz alta, para que todos lo oyeran, este hombre reconoció que el poder sanador de Cristo provenía de Dios Padre.

¿Soy consciente de cómo actúa Dios a través de las personas y las situaciones de mi vida diaria?

¿Alabo a Dios por obrar en mi vida? ¿Le doy gracias por ello?

Tito 3:1–7
Salmo 22
Lucas 17:11–19

*Abre el Señor los ojos de los ciegos / y alivia al agobiado. / Ama el Señor
al hombre justo / y toma al forastero a su cuidado.*
—SALMO 145:8–9

Hay quienes están ciegos ante el sufrimiento de los demás; hay quienes no ven porque los ciega el pecado; hay quienes están agobiados a causa de la injusticia; hay quienes se sienten abrumados por la vida misma; hay quienes son objeto de burla o rechazo por ser justos; hay quienes son incomprendidos por vivir el Evangelio; hay quienes no son aceptados por ser quienes son; hay quienes son marginados por su fe. A todas estas personas Dios sana y perdona, ayuda y alivia, ama y protege, acoge y abraza.

¿Qué puedes hacer tú?

Filemón 7–20
Salmo 145
Lucas 17:20–25

Con todo el corazón te voy buscando; / no me dejes desviar de tus preceptos. / En mi pecho guardará tus mandamientos, / para nunca pecar en contra tuya.
—SALMO 118:10–11

Señor,
tú enviaste a tu Hijo, Jesús,
para que fuese el camino
que nos guíe a ti.
Ayúdame a no desviarme
de tu senda,
a hacer de mi corazón
tu morada
y, rechazando el pecado,
a serte fiel a ti.
Amén.

2 Juan 4–9
Salmo 118
Lucas 17:26–37

*Quien es justo, clemente y compasivo / como una luz en las
tinieblas brilla.*
—SALMO 111:4

No hay que hacer mucho esfuerzo para percibir las zonas de
tinieblas que abundan en la sociedad: en nuestra comunidad
local, en nuestra ciudad, en nuestro país y en el mundo entero.
El pecado, en sus muchas formas y expresiones, sigue
tentando a los seres humanos y albergándose en su corazón.
En este mundo, aquí y ahora, es donde estamos llamados a ser
luz, a compartir el Evangelio, a hacer presente a Cristo, Luz
del Mundo.

¿Cómo puedo yo ser luz en el mundo? ¿Cómo puedo expulsar
la oscuridad del pecado en mi comunidad, en la sociedad, en
el mundo? ¿Cómo puedo reflejar la luz de Cristo en mi vida?

3 Juan 5–8
Salmo 111
Lucas 18:1–8

16 DE NOVIEMBRE

• XXXIII DOMINGO ORDINARIO •

Pero a ustedes, hermanos, ese día no los tomará por sorpresa, como un ladrón, porque ustedes no viven en tinieblas, sino que son hijos de la luz y del día, no de la noche y de las tinieblas.
—1 TESALONICENSES 5:4–5

Se acerca el fin del año litúrgico. Así como lo iniciamos esperando el nacimiento de Cristo —con el tiempo de Adviento—, así también lo terminamos, esperando su segunda venida.

No sabemos ni el día ni la hora en que Cristo regresará en gloria, pero tenemos la certeza de que lo hará algún día. Es por eso que estamos siempre preparados para recibirlo, con un corazón nuevo, con la luz de la fe y la gracia encendida en nuestro interior.

Si Cristo regresara hoy, ¿qué le dirías? ¿Qué te diría él?

Proverbios 31:10–13,19–20,30–31
Salmo 127
1 Tesalonicenses 5:1–6
Mateo 25:14–30 o 25:14–15,19–21

17 DE NOVIEMBRE

• SANTA ISABEL DE HUNGRÍA, RELIGIOSA •

Cuando Jesús se acercaba a Jericó, un ciego estaba sentado a un lado del camino, pidiendo limosna. [. . .] Entonces él comenzó a gritar: "¡Jesús, hijo de David, ten compasión de mí!" [. . .]

Entonces Jesús se detuvo y mandó que se lo trajeran. Cuando estuvo cerca, le preguntó: "¿Qué quieres que haga por ti?"

—LUCAS 18:35,38,40–41

Busca un lugar tranquilo y silencioso para leer este pasaje. Cuando termines, cierra los ojos y respira profundamente tres veces. Imagina que estás sentado al lado del camino, junto al hombre ciego. Lo escuchas rogando al Señor. Te fijas en él. Vuelves a escuchar su petición. Su llanto te llega hasta lo más profundo de tu ser. Y ves que Jesús se detiene cerca de ustedes. Tú te levantas y ayudas al ciego a ponerse de pie. Lo llevas del brazo hasta Jesús. En lugar de mirar al ciego, Jesús te mira a ti. Sus ojos te miran detenidamente, llenos de amor. Entonces Jesús te pregunta: "¿Qué quieres que haga por ti?".

Responde a Jesús en oración.

Apocalipsis 1:1–4; 2:1–5
Salmo 1
Lucas 18:35–43

*Al llegar a ese lugar, Jesús levantó los ojos y le dijo: "Zaqueo, bájate
pronto, porque hoy tengo que hospedarme en tu casa".*
—LUCAS 19:5

Jesús también quiere hospedarse en nuestra casa: en nuestro
corazón y en nuestra vida. Para que esto suceda, debemos
encontrarnos con él y no simplemente observarlo de lejos o
seguirlo desde la distancia. Jesús nos invita constantemente
a que nos acerquemos a él, a que "bajemos del árbol" y
acortemos la distancia, a que aceptemos su llamada y lo
invitemos a nuestro hogar. Una vez que digamos "sí" a Cristo,
nuestro corazón, como el de Zaqueo, será transformado, y
con él, nuestra vida.

¿Aceptas la invitación de Jesús? ¿Qué significa para ti aceptar
a Jesús en tu corazón? ¿Cómo sabrán los demás que Cristo
habita en ti?

LECTURAS PROPIAS PARA
SANTOS PEDRO Y PABLO

Apocalipsis 3:1–6,14–22
Salmo 14
Lucas 19:1–10

Hechos 28:11–16,30–31
Salmo 97
Mateo 14:22–33

19 DE NOVIEMBRE

Alabemos al Señor en su templo, / alabemos al Señor en su augusto firmamento. / Alabémoslo por sus obras magníficas, / alabémoslo por su inmensa grandeza.
—SALMO 150:1–2

Estos son los primeros versículos del último salmo. Es un salmo muy breve, pero que resume todos los demás: es justo y necesario, es nuestro deber y salvación dar gracias y alabar a Dios por todo lo que ha hecho por nosotros y toda su creación. Mientras esperamos el glorioso regreso de su Hijo, hagamos nuestras las palabras del salmista y ofrezcámoslas en oración:

¡Todo ser que alienta alabe al Señor! ¡Aleluya!

Apocalipsis 4:1–11
Salmo 150
Lucas 19:11–28

20 DE NOVIEMBRE

Entonen al Señor un canto nuevo, / en la reunión litúrgica proclámenlo. /
En su creador y rey, en el Señor, / alégrese Israel, su pueblo santo.
—SALMO 149:1–2

Toda la creación, visible e invisible, adora a su Creador. Los ángeles alaban a Dios en el cielo y nosotros lo hacemos aquí en la tierra. Al anunciar el Evangelio, alabamos al Señor; al profesar nuestra fe, alabamos al Señor; al proclamar a Cristo, su Hijo, alabamos al Señor; al obrar según su voluntad, alabamos al Señor; al convertir nuestro corazón, alabamos al Señor; al ofrecerle culto en la liturgia, alabamos al Señor; al orar en nuestro corazón, alabamos al Señor.

Alabanza, adoración y gloria. Todo esto será lo que ofrezcamos al Señor al fin de los tiempos, cuando Cristo regrese, y seamos partícipes de la litúrgica celestial y nos sentemos en torno a la mesa del Padre por toda la eternidad.

Apocalipsis 5:1–10
Salmo 149
Lucas 19:41–44

[*Jesús dijo:*] *"Está escrito: Mi casa es casa de oración".*
—LUCAS 19:46

En la oración nos encontramos con Dios —Padre, Hijo y Espíritu Santo—, quien nos escucha y nos habla.

A Dios le ofrecemos nuestras oraciones de bendición y adoración, de petición, de intercesión, de acción de gracias y de alabanza.

Bendecimos a Dios, fuente de toda bendición, porque él nos ha bendecido; pedimos a Dios el perdón y la plenitud de su Reino; rogamos ante Dios por las necesidades propias y las de los demás; intercedemos ante Dios pidiendo por los demás, incluso nuestros enemigos; damos gracias a Dios por la vida y todos sus acontecimientos; alabamos desinteresadamente a Dios, dándole gloria por ser quien es, porque es Dios.

Que nuestro corazón sea siempre una casa de oración.

Apocalipsis 10:8–11
Salmo 118
Lucas 19:45–48

[Jesús dijo:] "Dios no es Dios de muertos, sino de vivos, pues para él todos viven".
—LUCAS 20:38

Dios creó al ser humano y "sopló en su nariz aliento de vida, y el hombre se convirtió en un ser vivo". La vida es lo que Dios ha deseado para nosotros desde un primer momento. Pero con el pecado irrumpió la muerte. El orden establecido por Dios desde el momento de la Creación quedó alterado. Y por eso, para que todo vuelva a ser como Dios quiere que sea, envió a su Hijo. Con su Resurrección, el pecado y la muerte han sido conquistados de una vez para siempre. Cristo, con su victoria, nos ofrece la gracia y la vida.

Vivamos, pues, en la libertad y la gracia de Dios como hijos e hijas suyos que somos.

Apocalipsis 11:4–12
Salmo 143
Lucas 20:27–40

Ellos le responderán: "Señor, ¿cuándo te vimos hambriento o sediento, de forastero o desnudo, enfermo o encarcelado y no te asistimos?"
—MATEO 25:37–39

"Amarás al Señor tu Dios con todo tu corazón, con toda tu alma, con toda tu mente. Amarás al prójimo como a ti mismo". Este es el doble mandamiento del amor, en el que se resumen todos los demás mandamientos. El amor es el gozne, la bisagra, sobre la que debe girar nuestra vida como cristianos.

El amor es el criterio en el que tenemos que basar nuestras palabras y obras diarias. Al acabar cada día, preguntémonos: ¿Cómo he amado hoy? ¿Cómo he fallado en mi amor hoy? ¿Cómo puedo amar más mañana?

Ezequiel 14:11–12,15–17
Salmo 22
1 Corintios 15:20–26,28
Mateo 25:31–46

24 DE NOVIEMBRE

• SAN ANDRÉS DUNG-LAC, PRESBÍTERO, Y COMPAÑEROS, MÁRTIRES •

[Jesús dijo:] "Yo les aseguro que esa pobre viuda ha dado más que todos. Porque éstos dan a Dios de lo que les sobra; pero ella, en su pobreza, ha dado todo lo que tenía para vivir".
—LUCAS 21:3–4

La viuda pobre es objeto de admiración y ejemplo para nosotros, no tanto por su generosidad, sino más bien por su confianza y entrega total a Dios. La viuda sabía que si donaba lo poco que tenía, no tendría con qué vivir, y aun así lo dio todo porque sabía que Dios proveería y jamás la abandonaría.

¿Qué significa para ti confiar plenamente en Dios?

Apocalipsis 14:1–3,4–5
Salmo 23
Lucas 21:1–4

25 DE NOVIEMBRE

[Jesús] les respondió: "Cuídense de que nadie los engañe, porque muchos vendrán usurpando mi nombre y dirán: 'Yo soy el Mesías. El tiempo ha llegado'".
—LUCAS 21:8

El dinero, la posición social, los bienes materiales, el poder, el individualismo desmesurado. . . son algunos de los falsos "mesías" que nos ofrece la sociedad de hoy en día. Estos falsos salvadores nos invitan a seguirlos, prometiéndonos la felicidad. Pero sabemos, en lo más profundo de nuestro ser, que esta felicidad con la que nos tientan es una felicidad perecedera, vacía e ilusoria.

Ha llegado el tiempo, es verdad. El tiempo de seguir a Cristo y vivir según sus enseñanzas y vida, pues él es el camino que nos llevará a la verdadera y eterna felicidad.

¿Qué falsos "mesías" de la sociedad son los que más te tientan con sus promesas vacías?

Apocalipsis 14:14–19
Salmo 95
Lucas 21:5–11

26 DE NOVIEMBRE

*Regocíjese todo ante el Señor, / porque ya viene a gobernar el orbe. /
Justicia y rectitud serán las normas / con las que rija a todas las naciones.*
—SALMO 97:9

Señor,
tú eres el Rey del universo.
Te doy gracias porque cuidas de toda la creación
y de todos los pueblos.
Tú escuchas el clamor de quienes sufren a causa
de la injusticia
y guías a quienes se han perdido.
Te pido ser siempre un instrumento de tu justicia
y te ruego que me guíes por las sendas rectas
que llevan a ti.
Amén.

Apocalipsis 15:1–4
Salmo 97
Lucas 21:12–19

27 DE NOVIEMBRE

• DÍA DE ACCIÓN DE GRACIAS •

Oí algo así como una inmensa multitud que cantaba en el cielo:
"¡Aleluya!
La salvación, la gloria y el poder pertenecen a nuestro Dios!"
—APOCALIPSIS 19:1

Unámonos a los ángeles en este canto de alabanza a Dios. La alabanza —como dice el *Catecismo de la Iglesia Católica*— "es la forma de orar que reconoce de la manera más directa que Dios es Dios. Le canta por él mismo, le da gloria no por lo que hace, sino por lo que él es. [. . .] La alabanza integra las otras formas de oración y las lleva hacia aquel que es su fuente y su término: 'un solo Dios, el Padre, del cual proceden todas las cosas y por el cual somos nosotros'" (2639).

MISA PROPIA DE ACCIÓN DE
GRACIAS A DIOS
Apocalipsis 18:1–2,21–23; 19:1–3,9
Eclesiástico (Sirácide) 50:22–24
Salmo 99
1 Corintios 1:3–9
Lucas 21:20–28
Lucas 17:11–19

*[Jesús dijo:] "Cuando vean que suceden las cosas que les he dicho, sepan
que el Reino de Dios está cerca".*
—LUCAS 21:31

¿Has amado? ¿Has sido amado? El Reino de Dios está cerca.

¿Has perdonado? ¿Has sido perdonado? El Reino de Dios
está cerca.

¿Has sido justo con los demás? ¿Han sido justos contigo
mismo? El Reino de Dios está cerca.

¿Has sentido la paz interior? ¿Has promovido la paz? El Reino
de Dios está cerca.

¿Has sentido la alegría? ¿Has compartido la alegría? El Reino
de Dios está cerca.

Apocalipsis 20:1–4,11—21:2
Salmo 83
Lucas 21:29–33

29 DE NOVIEMBRE

[Jesús dijo:] "Velen, pues, y hagan oración continuamente".
—LUCAS 21:36

"La tradición cristiana —nos recuerda el *Catecismo de la Iglesia Católica* (cf. 2721–2724)— contiene tres importantes expresiones de la vida de oración: [. . .]

La oración vocal asocia el cuerpo a la oración interior del corazón a ejemplo de Cristo que ora a su Padre y enseña el 'Padre Nuestro' a sus discípulos. [. . .] La meditación es una búsqueda orante, que hace intervenir al pensamiento, la imaginación, la emoción, el deseo. [. . .] La oración contemplativa es la expresión sencilla del misterio de la oración. Es una mirada de fe, fijada en Jesús, una escucha de la Palabra de Dios, un silencioso amor".

¿Cuáles son tus oraciones favoritas? ¿Cuál es tu forma preferida de rezar?

Apocalipsis 22:1–7
Salmo 94
Lucas 21:34–36

30 DE NOVIEMBRE

• I DOMINGO DE ADVIENTO •

Jesús dijo a sus discípulos: "Velen y estén preparados, porque no saben
cuándo llegará el momento".
—MARCOS 13:33

Terminamos ayer el año litúrgico con una invitación a orar continuamente. Y hoy empezamos un año nuevo con un llamado a estar despiertos y preparados para recibir al Señor. Que nuestra oración continua —a lo largo de este tiempo de Adviento que comenzamos hoy— sea una de gozo y alegría, de conversión y preparación, de ansias y esperanza por la próxima venida de Cristo esta Navidad, en nuestras vidas y al final de los tiempos.

¡Ven, Señor Jesús!

Isaías 63:16–17,19; 64:2–7
Salmo 79
1 Corintios 1:3–9
Marcos 13:33–37

1 DE DICIEMBRE

¡Qué alegría sentí, cuando me dijeron: / "Vayamos a la casa del Señor"!
—SALMO 121:1

Señor, Jesús,
la Palabra hecha carne,
con gozo y alegría
me preparo para recibirte
esta Navidad.
Te pido que sepa acogerte
con un corazón nuevo
y encuentres en mí suelo fértil
que dé fruto abundante.
Amén.
¡Ven, Señor Jesús!

Isaías 2:1–5
Salmo 121
Mateo 8:5–11

2 DE DICIEMBRE

En aquel día brotará un renuevo del tronco de Jesé,
un vástago florecerá de su raíz. [. . .]

Habitará el lobo con el cordero,
la pantera se echará con el cabrito,
el novillo y el león pacerán juntos
y un muchachito los apacentará.
—ISAÍAS 11:1,6

Cristo vino a hacer realidad el Reino de Dios; a transformarlo todo según la voluntad de su Padre.

Que durante este tiempo de Adviento, y en todo momento, colaboremos en la instauración del Reino, de manera que la paz —tan bellamente ilustrada en las palabras del profeta— se haga una realidad en nuestro hogar y comunidad, en el mundo entero y en nuestro corazón.

¡Ven, Señor Jesús!

Isaías 11:1–10
Salmo 71
Lucas 10:21–24

3 DE DICIEMBRE

• SAN FRANCISCO JAVIER, PRESBÍTERO •

En aquel día se dirá:
"Aquí está nuestro Dios,
de quien esperábamos que nos salvara;
alegrémonos y gocemos con la salvación que nos trae,
porque la mano del Señor reposará en este monte".
—ISAÍAS 25:9–10

La espera del Adviento no es una espera llena de angustia, incertidumbre y dudas. Al contrario, es una espera gozosa basada en la certeza de que Dios siempre cumple sus promesas, de que Jesucristo vendrá a nosotros y nos salvará, de que él nos trae la paz, la justicia, el amor y la vida.

¡Tenemos buenos motivos para esperar con alegría y gozo el nacimiento de nuestro Dios!

¡Ven, Señor Jesús!

Isaías 25:6–10
Salmo 22
Mateo 15:29–37

[Jesús dijo a sus discípulos:] "Vino la lluvia, bajaron las crecientes, se desataron los vientos y dieron contra aquella casa; pero no se cayó, porque estaba construida sobre roca".
—MATEO 7:25

Cristo es nuestra roca, los cimientos sobre los que construimos nuestra vida. Cuanto más profunda sea nuestra relación con él, más profundos serán esos cimientos; cuanto más fieles seamos a su palabra, más sólida será nuestra vida; cuanto más nos acerquemos a él, más fácil nos resultará afrontar las tormentas de la vida; y cuanto más caminemos por su senda, más nos acercaremos a Dios Padre.

¿Cómo puede el Adviento ayudarte a fortalecer tu relación con Jesús?

Isaías 26:1–6
Salmo 117
Mateo 7:21,24–27

5 DE DICIEMBRE

*Cuando Jesús salía de Cafarnaúm, lo siguieron dos ciegos, que gritaban:
"¡Hijo de David, compadécete de nosotros!" Al entrar Jesús en la casa, se
le acercaron los ciegos y Jesús les preguntó: "¿Creen que puedo hacerlo?"*
—MATEO 9:27–28

Sin miedo, como los dos ciegos, dirígete en oración a Jesús,
pidiéndole con humildad todo aquello que guardas en tu
corazón.

Que tu oración esté llena de fe y esperanza, pues sabes que
Cristo lo puede todo.

¡Ven, Señor Jesús!

Isaías 29:17–24
Salmo 26
Mateo 9:27–31

Esto dice el Señor Dios de Israel: [. . .]
"Con tus oídos oirás detrás de ti una voz que te dirá:
'Este es el camino.
Síguelo sin desviarte,
ni a la derecha, ni a la izquierda'".
—ISAÍAS 30:21

Jesús es el camino que lleva al Padre.

Que durante este Adviento —período de preparación y conversión— pidamos el perdón de Dios por todos aquellos momentos en los que nos desviamos del camino, en que pecamos. Y así, con un corazón nuevo gracias al sacramento de la Reconciliación, podamos dar la bienvenida a Jesucristo esta Navidad y cuando regrese en gloria.

¡Ven, Señor Jesús!

Isaías 30:19–21,23–26
Salmo 146
Mateo 9:35—10:1,6–8

7 DE DICIEMBRE

• II DOMINGO DE ADVIENTO •

Una voz clama:
"Preparen el camino del Señor en el desierto,
construyan en el páramo
una calzada para nuestro Dios".
—ISAÍAS 40:3

El tiempo del Adviento no es una espera de brazos cruzados, sino que requiere de una espera activa. Esperamos la venida del Señor preparando nuestro corazón, respondiendo al llamado a la conversión; esperamos al Señor compartiendo la buena noticia de su llegada con los demás; esperamos al Señor invitando a los demás a que se transformen; esperamos al Señor saliendo al encuentro de los indefensos; esperamos al Señor en oración. . . ¡Ven, Señor Jesús!

¿Cómo te estás preparando para recibir al Señor? ¿Cómo compartes tu fe con los demás, en tu hogar, en tu comunidad, en tu puesto de trabajo?

Isaías 40:1–5,9–11
Salmo 84
2 Pedro 3:8–14
Marcos 1:1–8

8 DE DICIEMBRE

• SOLEMNIDAD DE LA INMACULADA CONCEPCIÓN DE LA SANTÍSIMA
VIRGEN MARÍA •

*Entró el ángel a donde [María] estaba y le dijo: "Alégrate, llena de
gracia, el Señor está contigo".*
—LUCAS 1:30

Acordaos, / oh piadosísima Virgen María, / que jamás se ha
oído decir / que ninguno de los que han acudido / a tu
protección, / implorando tu asistencia / y reclamando tu
socorro, / haya sido abandonado de ti. / Animado con esta
confianza, / a ti también acudo, oh Madre, / Virgen de las
vírgenes, / y aunque gimiendo / bajo el peso de mis pecados,
/ me atrevo a comparecer / ante tu presencia soberana. / No
deseches mis humildes súplicas, / oh Madre del Verbo divino,
/ antes bien, escúchalas / y acógelas benignamente. / Amén.

Génesis 3:9–15,20
Salmo 97
Efesios 1:3–6,11–12
Lucas 1:26–38

Sube a lo alto del monte,
mensajero de buenas nuevas para Sión;
alza con fuerza la voz,
tú que anuncias noticias alegres a Jerusalén.
Alza la voz y no temas;
anuncia a los ciudadanos de Judá:

"Aquí está su Dios".
—ISAÍAS 40:9

El Adviento no es solo un tiempo de espera, sino que también es tiempo de proclamar, de anunciar a Cristo, nuestro Salvador, de compartir la fe.

Dar testimonio de la fe mediante el ejemplo y compartir explícitamente la fe. Estos son dos aspectos fundamentales de la evangelización en la que todos estamos llamados a participar.

¿Cómo doy testimonio de mi fe? ¿Cómo comparto mi fe?

Isaías 40:1–11
Salmo 95
Mateo 18:12–14

10 DE DICIEMBRE

*[El Señor] perdona tus pecados / y cura tus enfermedades; / él rescata tu
vida del sepulcro / y te colma de amor y de ternura.*
—SALMO 102:3–4

La conversión es un llamado que todos y cada uno de nosotros
recibimos de Dios. Durante el Adviento, de una forma
especial, estamos invitados a reflexionar acerca de nuestra
vida; a meditar en aquellas ocasiones en las que nos alejamos
de Dios a causa del pecado y a dirigirnos a él con humildad
y arrepentimiento, buscando su perdón y sanación, su amor y
su ternura.

¿Qué aspectos de tu vida necesitan de la sanación de Dios?
¿Estás dispuesto a reconciliarte con Dios, con los demás y
contigo mismo?

Isaías 40:25–31
Salmo 102
Mateo 11:28–30

*"Haré que broten ríos en las cumbres áridas
y fuentes en medio de los valles;
transformaré el desierto en estanque
y el yermo, en manantiales".*
—ISAÍAS 41:18

Si Dios puede realizar tales proezas, si puede transformar desiertos y arenales en ríos y estanques, ¡cuánto más puede realizar en nuestra vida! ¡Cuánto más nos puede transformar!

Oremos para que durante este Adviento preparemos el terreno de nuestro corazón para que, cuando venga Jesús, lo pueda transformar y se convierta en vergel, donde abunden los frutos del amor, la paz y la justicia.

¡Ven, Señor Jesús!

Isaías 41:13–20
Salmo 144
Mateo 11:11–15

12 DE DICIEMBRE

• NUESTRA SEÑORA DE GUADALUPE •

Apareció entonces en el cielo una figura prodigiosa: una mujer envuelta por el sol, con la luna bajo sus pies y con una corona de doce estrellas en la cabeza. Estaba encinta y a punto de dar a luz.

—APOCALIPSIS 12:1–2

Virgen de Guadalupe,
madre de Jesús y madre nuestra,
te pedimos que intercedas ante tu Hijo
y nos ayudes a acercarnos cada vez más a él
y vivamos según la voluntad
de Dios, nuestro Padre.
Madre nuestra y Reina celestial,
protégenos bajo tu manto maternal
y presenta todas nuestras oraciones
a tu Hijo, nuestro Señor.
Amén.

Zacarías 2:14–17 o Apocalipsis 11:19a;
12:1–6a,10ab
Judit 13:18abcde,19
Lucas 1:26–38 o 1:39–48

Dichosos los que te vieron
y murieron gozando de tu amistad;
pero más dichosos
los que estén vivos cuando vuelvas.
—ECLESIÁSTICO (SIRÁCIDE) 48:9–11

El Adviento es un período de una triple espera: esperamos la venida de Cristo esta Navidad, esperamos la venida de Cristo en nuestra vida de hoy y esperamos la segunda venida de Cristo al fin de los tiempos. Durante esta espera, Cristo nos invita a la conversión, a dejar de lado el pecado que lleva a la muerte y a aceptar su perdón que nos lleva a la gracia y la vida.

Que este Adviento nos acerque cada vez más a Cristo, quien nos trae la Salvación y la vida eterna.

¡Ven, Señor Jesús!

Eclesiástico (Sirácide) 48:1–4,9–11
Salmo 79
Mateo 17:10–13

El que los ha llamado es fiel y cumplirá sus promesas.
—1 TESALONICENSES 5:24

Así proclamó María la fidelidad de Dios:

Proclama mi alma / la grandeza del Señor, / se alegra mi espíritu en Dios, / mi salvador; / porque ha mirado la humillación / de su esclava. / Desde ahora me felicitarán / todas las generaciones, / porque el Poderoso ha hecho / obras grandes por mí: / su nombre es santo, / y su misericordia llega a sus fieles / de generación en generación. / Él hace proezas con su brazo: / dispersa a los soberbios de corazón, / derriba del trono a los poderosos / y enaltece a los humildes, / a los hambrientos los colma de bienes / y a los ricos los despide vacíos. / Auxilia a Israel, su siervo, / acordándose de la misericordia / —como lo había prometido a nuestros padres— / en favor de Abrahán / y su descendencia por siempre.

Isaías 61:1–2,10–11
Lucas 1
1 Tesalonicenses 5:16–24
Juan 1:6–8,19–28

15 DE DICIEMBRE

Descúbrenos, Señor, tus caminos, / guíanos con la verdad de tu doctrina. /
Tú eres nuestro Dios y salvador / y tenemos en ti nuestra esperanza.
—SALMO 24:4–5

El mundo no es como quisiéramos que fuera. Ni tampoco lo es como Dios quiere que sea. La pobreza, la violencia, la injusticia, el abuso, el egoísmo y el odio existen en nuestras comunidades, ciudades y países; existen incluso en nuestro propio hogar y en nuestro propio corazón. El pecado es una realidad. Pero su poder ha quedado mermado, pues Dios nos envió a Cristo, quien derrotó al pecado y a la muerte, y nos ha traído la Salvación.

Cristo es el camino; Cristo es la verdad; Cristo es nuestro Salvador; Cristo es nuestra esperanza.

¡Ven, Señor Jesús!

Números 24:2–7,15–17
Salmo 24
Mateo 21:23–27

El Señor no está lejos de sus fieles / y levanta a las almas abatidas. /
Salva el Señor la vida de sus siervos; / no morirán quienes en él esperan.
—SALMO 33:19,23

Dios mío y Dios nuestro,
tú siempre
eres fiel a tu pueblo,
cumples tus promesas,
escuchas el clamor de los necesitados
y das vida a los corazones heridos.
Ayúdame a continuar preparándome este Adviento,
transformando mi corazón
y permaneciendo fiel a ti
para así recibir a tu Hijo, Jesucristo,
quien nos ofrece la vida eterna.
Amén.

Sofonías 3:1–2,9–13
Salmo 33
Mateo 21:28–32

17 DE DICIEMBRE

• ANTÍFONA: O SAPIENTIA •

Justicia y paz ofrecerán al pueblo / las colinas y los montes. / El rey hará
justicia al oprimido / y salvará a los hijos de los pobres.
—SALMO 71:3–4

Nuestro Rey está por nacer; su Reino está por llegar. Con él la justicia, la paz, la liberación y la Salvación se harán realidad. Como preparativo para su llegada, procuremos ser justos y luchemos contra la injusticia, seamos personas de paz y luchemos en contra de la violencia, actuemos en la libertad de la gracia de Dios y luchemos contra la esclavitud del pecado, aceptemos y prediquemos la Salvación de Cristo y rechacemos las cadenas del mal.

¿Cómo puedo ser justo en mi vida diaria? ¿Cómo puedo promover la paz? ¿Qué significa para mí vivir en la gracia de Dios? ¿Cómo comparto la Buena Nueva de la Salvación de Cristo?

Génesis 49:2,8–10
Salmo 71
Mateo 1:1–17

18 DE DICIEMBRE

• ANTÍFONA: O ADONAI •

Dará a luz un hijo y tú le pondrás el nombre de Jesús, porque él salvará a
su pueblo de sus pecados.
—MATEO 1:21

Dios mío,
tú enviaste a tu Hijo, Jesús,
para salvarnos de los pecados.
Te pido abras mi corazón,
limpies mi corazón
e inundes mi corazón con tu presencia.
Ayúdame a rechazar el pecado,
a buscar tu perdón y misericordia
y a aceptar la Salvación
que me ofreces a través de Cristo,
nuestro Señor y Salvador.
Amén.
¡Ven, Señor Jesús!

Jeremías 23:5–8
Salmo 71
Mateo 1:18–24

19 DE DICIEMBRE

• ANTÍFONA: O RADIX JESSE •

*Señor, tú eres mi esperanza; / desde mi juventud en ti confío. / Desde que
estaba en el seno de mi madre, / yo me apoyaba en ti y tú me sostenías.*
—SALMO 70:5–6

Muchas han sido las personas que han compartido con
nosotros el amor de Dios, que nos han enseñado lo que
significa ser personas de fe, que nos han enseñado a hablar
con Dios en oración, que nos han apoyado en el desarrollo
de nuestra vida espiritual, que nos han ayudado a reconocer la
presencia activa de Dios en nuestra vida y en el mundo.

¿Quiénes han sido esas personas en tu vida? En oración, da
gracias a Dios por ellas.

Jueces 13:2–7,24–25
Salmo 70
Lucas 1:5–25

20 DE DICIEMBRE

• ANTÍFONA: O CLAVIS DAVID •

[El ángel le dijo a María:] "Vas a concebir y a dar a luz un hijo y le
pondrás por nombre Jesús".
—LUCAS 1:31

Oremos:

Infunde, Señor,
tu gracia en nuestras almas,
para que, los que hemos conocido
por el anuncio del Ángel,
la Encarnación de tu Hijo Jesucristo,
lleguemos por los méritos de su Pasión y su cruz
a la gloria de la Resurrección.
Por Jesucristo, nuestro Señor.
Amén.

Isaías 7:10–14
Salmo 23
Lucas 1:26–38

Entró el ángel a donde [María] estaba y le dijo: "Alégrate, llena de gracia, el Señor está contigo".
—LUCAS 1:30

Dios te salve, María,
llena eres de gracia;
el Señor es contigo.
Bendita Tú eres
entre todas las mujeres,
y bendito es el fruto de tu vientre, Jesús.
Santa María, Madre de Dios,
ruega por nosotros, pecadores,
ahora y en la hora de nuestra muerte.
Amén.

2 Samuel 7:1–5,8–12,14,16
Salmo 88
Romanos 16:25–27
Lucas 1:26–38

Dijo María:
"Mi alma glorifica al Señor
y mi espíritu se llena de júbilo en Dios, mi salvador".
—LUCAS 1:46–47

Ofrece al Señor con alegría un canto de alabanza, gloria y acción de gracias, como lo hizo la Virgen María. Deja que esta oración brote de lo más profundo de tu corazón.

Alaba a Dios por todo lo que ha hecho por ti, por tus seres queridos, por el mundo entero.

Da gloria a Dios por ser quien es.

Da gracias a Dios por su bondad, misericordia, perdón, justicia y amor.

1 Samuel 1:24–28
1 Samuel 2
Lucas 1:46–56

23 DE DICIEMBRE

Porque el Señor es recto y bondadoso, / indica a los pecadores el sendero, / guía por la senda recta a los humildes / y descubre a los pobres sus caminos.
—SALMO 23:8–9

Señor Dios,
en tu bondad,
guíame por tus caminos,
no permitas que me salga de tus sendas
y ayúdame a buscar tu perdón cuando lo haga.
Transforma mi corazón
para que, con humildad y pobreza de espíritu,
reciba a Jesucristo,
tu Palabra hecha carne.
Amén.

Malaquías 3:1–4,23–24
Salmo 24
Lucas 1:57–66

24 DE DICIEMBRE

"Bendito sea el Señor, Dios de Israel,
porque ha visitado y redimido a su pueblo".
—LUCAS 1:68

Se acerca el día para el que nos hemos estado preparando durante todo el tiempo de Adviento: Jesucristo, nuestro Redentor, está por nacer.

Con gozo y alegría, como lo expresó Zacarías, celebraremos que Dios se hizo hombre y habitó entre nosotros. Con gozo y alegría nos preparamos para recibirlo de nuevo el día de Navidad.

Y también, con gozo y alegría, nos preparamos para recibirlo en nuestro corazón converso todos los días de nuestra vida.

Y también, con gozo y alegría, nos preparamos para recibirlo al fin de los tiempos, cuando regrese en gloria y su Reino no tenga fin.

¿Estás preparado?

2 Samuel 7:1–5,8–12,14,16
Salmo 88
Lucas 1:67–79

25 DE DICIEMBRE

• NATIVIDAD DEL SEÑOR—NAVIDAD •

El ángel les dijo: "No teman, Les traigo una buena noticia, que causará
gran alegría a todo el pueblo: hoy les ha nacido, en la ciudad de David,
un salvador, que es el Mesías, el Señor".
—LUCAS 2:10–11

Hoy ha nacido nuestro Salvador. Hoy ha nacido nuestro Mesías. Hoy ha nacido nuestro Señor.

El mundo ya no es igual que ayer. Nuestro corazón ya no es igual que ayer.

El Reino de Dios está aquí.

MISA VESPERTINA DE LA
VIGILIA
Isaías 62:1–5
Salmo 88
Hechos 13:16–17,22–25
Mateo 1:1–25 o 1:18–25

MISA DE MEDIANOCHE
Isaías 9:1–3,5–6
Salmo 95
Tito 2:11–14
Lucas 2:1–14

MISA DE LA AURORA
Isaías 62:11–12
Salmo 96
Tito 3:4–7
Lucas 2:15–20

MISA DEL DÍA
Isaías 52:7–10
Salmo 97
Hebreos 1:1–6
Juan 1:1–18 o 1:1–5,9–14

26 DE DICIEMBRE

• SAN ESTEBAN, PROTOMÁRTIR •

Mientras lo apedreaban, Esteban repetía esta oración: "Señor Jesús, recibe mi espíritu".
—HECHOS 7:59

¿Por qué crees que la primera festividad que celebra la Iglesia tras el nacimiento de Jesús sea la de la muerte del primer mártir por la fe, el diácono san Esteban?

¿Qué nos dice acerca de lo que significa seguir a Jesús?

¿Qué nos dice acerca de la vida y la muerte, ahora que el pecado ha sido derrotado por Cristo de una vez para siempre?

Hechos 6:8–10; 7:54–60
Salmo 30
Mateo 10:17–22

Queridos hermanos: Les anunciamos lo que ya existía desde el principio, lo que hemos oído y hemos visto con nuestros propios ojos, lo que hemos contemplado y hemos tocado con nuestras propias manos. Nos referimos a aquel que es la Palabra de la vida.

—1 JUAN 1:1

Todos y cada uno de nosotros estamos llamados a ser evangelistas, a ser proclamadores del Evangelio de Jesucristo. Solo podemos serlo si de verdad nos hemos encontrado con Cristo en nuestra vida, si hemos hablado con él en oración, si lo hemos acogido en nuestro corazón, si vivimos como él nos enseñó, si lo alabamos y le damos gracias en torno al altar, si hemos buscado y aceptado su perdón. . . si tenemos una relación personal con él.

¿Cómo has "oído" y "visto" a Cristo presente en tu vida? ¿Qué haces para fortalecer tu relación con Cristo? ¿Cómo llevas a los demás el amor de Cristo?

1 Juan 1:1–4
Salmo 96
Juan 20:2–9

[El Señor le dijo a Abram:] "Mira el cielo y cuenta las estrellas, si puedes". Luego añadió: "Así será tu descendencia".
—GÉNESIS 15:5

Como descendientes de Abrahán, somos herederos de las promesas que Dios le hizo al establecer aquella primera Alianza. Esas promesas llegaron a su plenitud en Cristo, quien por medio de su Cuerpo y Sangre estableció una Alianza nueva y eterna. Como discípulos de Cristo, estamos llamados a cumplir nuestra parte de la Alianza, a vivir como hijos e hijas de Dios, en la gracia y libres de pecado.

¿Qué conlleva ser hijo o hija de Dios? ¿Cuál es tu responsabilidad como tal? ¿Qué significa para ti ser hermano o hermana en Cristo? ¿Cómo puedes iluminar al mundo con la luz de Cristo?

Eclesiástico (Sirácide) 3:3–7,14–17
o Génesis 15:1–6; 21:1–3
Salmo 127 o 104
Colosenses 3:12–21
o Hebreos 11:8,11–12,17–19
Lucas 2:22–40

29 DE DICIEMBRE

• SANTO TOMÁS BECKET, OBISPO Y MÁRTIR •

"Mis ojos han visto a tu Salvador,
al que has preparado para bien de todos los pueblos,
luz que alumbra a las naciones
y gloria de tu pueblo, Israel".
—LUCAS 2:30–32

Jesús,
una estrella brillante guió a los Reyes Magos hasta ti,
que eres la Luz del Mundo.
Ilumina mi corazón y mi mente
para que reconozca tu presencia a mi lado
y en el mundo.
Ayúdame a compartir tu luz con los demás,
para que caminen por tus caminos,
para que desaparezcan las tinieblas del pecado
y se establezca tu Reino por los siglos de los siglos.
Amén.

1 Juan 2:3–11
Salmo 95
Lucas 2:22–35

30 DE DICIEMBRE

Les escribo a ustedes, hijitos, porque han sido perdonados sus pecados en el nombre de Jesús. [. . .] Les escribo a ustedes, jóvenes, porque son fuertes y la palabra de Dios permanece en ustedes y han vencido al demonio.
—1 JUAN 2:12–13

La Palabra de Dios hecha carne, Cristo, permanece en nosotros. Con él, no hay nada que temer. Con él, nada nos puede derrotar. Con él, el demonio ha perdido su poder.

Seguiremos afrontando tentaciones, habrá ocasiones en las que nos alejemos del camino y habrá momentos en los que pequemos, pero sabemos que a nuestro lado estará siempre Jesús, ofreciéndonos su fortaleza, su sabiduría, su poder y su perdón.

¿Cuándo has sido consciente de la presencia de Cristo en tu vida? ¿Cuándo has encontrado en Cristo la fuerza que necesitabas para afrontar dificultades y tentaciones? ¿Cuándo has buscado y recibido el perdón de Dios?

1 Juan 2:12–17
Salmo 95
Lucas 2:36–40

31 DE DICIEMBRE

• SAN SILVESTRE I, PAPA •

Cantemos al Señor un canto nuevo, / que le cante al Señor toda la tierra; /
cantemos al Señor y bendigámoslo, / proclamemos su amor día tras día.
—SALMO 95:1–2

Terminamos el año con un mensaje de alabanza, bendición y
amor, tres conceptos que están íntimamente unidos entre sí.
Dios es digno de alabanza y bendición por ser quien es: el
Amor mismo. Nuestra respuesta a Dios, Amor, no puede ser
otra que el amor. "Ama al Señor tu Dios con todo tu corazón,
con toda tu alma, con toda tu mente. Ama al prójimo como a
ti mismo". Este es el doble mandamiento del amor, en el que
se resumen todos los demás mandamientos, dijo Jesús.

Amemos.

Permitamos que nos amen.

Gocemos en el amor de Dios.

1 Juan 2:18–21
Salmo 95
Juan 1:1–18

Acerca del Autor

Santiago Cortés-Sjöberg lleva 18 años dedicado al ministerio pastoral, la docencia, y a dar conferencias y escribir. Es editor jefe de los programas académicos de la editorial Loyola Press, catequista maestro, miembro de la facultad del Instituto Hispano de Liturgia y del programa de formación de catequistas de la Arquidiócesis de Chicago, así como profesor adjunto de la Universidad Saint Mary of the Lake/Mundelein Seminary, ubicada en Illinois.